Connaître le Saint-Esprit

La série *L'Epée de l'Esprit*:
1. La prière efficace
2. Connaître le Saint-Esprit
3. Le règne de Dieu
4. Une foi vivante
5. La gloire dans l'Église
6. Le ministère de l'Esprit
7. Connaître le Père
8. Atteindre les perdus
9. Ecouter Dieu
10. Connaître le Fils
11. Le salut par la grâce
12. Adorer en Esprit et en vérité

www.swordofthespirit.co.uk

Copyright 2007, 1997, auteur Colin Dye.
Deuxième édition en anglais
Copyright 2016, 2009, 1997, auteur Colin Dye
Première édition en français

Kensington Temple
KT Summit House
100 Hanger Lane
London, W5 1EZ

Tous droits réservés. Aucune partie de cette publication ne peut être reproduite, enregistrée ni transmise sous quelque forme que ce soit, par un moyen électronique, mécanique, photocopie, ou autre, sans la permission écrite de l'auteur.

Les citations bibliques, sauf mention spéciale sont tirées de la version Segond Révisée 1975.

L'Epée de l'Esprit

Connaître le Saint-Esprit

Colin Dye

Sommaire

Introduction		7
1	L'Esprit dans l'Ancien Testament	11
2	L'Esprit dans le Nouveau Testament	23
3	L'Esprit et Jésus	43
4	Recevoir l'Esprit	59
5	La puissance de l'Esprit	77
6	La pureté de l'Esprit	89
7	L'opération de l'Esprit	103
8	La présence de l'Esprit	115
9	Partenariat avec l'Esprit	127

Introduction

Le commun des mortels est étonné à la pensée qu'il puisse y avoir un Saint-Esprit. Les gens croient que Jésus a vécu sur la terre il y a deux mille ans. Ils sentent bien qu'il doit exister quelque part «au-dessus de nous» une sorte de puissance supérieure à tout. Mais ils se font difficilement à l'idée d'un Saint-Esprit. La plupart des chrétiens comprennent dans une certaine mesure Dieu le Père. Ils sont habitués au concept de Dieu le Fils. Quant au Saint-Esprit, il est pour eux une figure de la trinité qui est restée dans l'ombre. Pourtant le Saint- Esprit est la merveilleuse et troisième personne de la trinité. Il est aussi divin que Dieu le Père et que Dieu le Fils. Il est, autant qu'eux, une personne distincte avec sa pensée, ses sentiments et sa volonté.

En progressant dans votre compréhension de la manière dont Dieu œuvre dans votre vie, vous serez enthousiasmé à la pensée de pouvoir connaître le Saint-Esprit personnellement. Peu à peu, vous vous réjouirez profondément de pouvoir marcher avec lui, d'être en communion avec lui. Vous ferez vos délices d'être constamment rempli de sa gloire et de sa puissance. Vous voudrez apprendre à vivre dans sa présence. La clef de cette découverte consiste à comprendre que l'Esprit est une personne tout à fait réelle. Il n'est pas «quelque chose», ni une force impersonnelle comparable à de l'électricité. Son œuvre principale dans notre vie est d'être pour nous le médiateur de la présence et de l'activité de Dieu le Père et de Dieu le Fils.

Ces dernières années, on a beaucoup parlé du fait d'être «conduit par l'Esprit», «rempli de l'Esprit», «oint du Saint- Esprit», «revêtu de la puissance de l'Esprit», etc...

mais la plus grande partie de ce discours tourne autour de «nous».

Nous voulons savoir ce que cela signifiera pour nous d'être remplis et revêtus de puissance. Or, nous nous préoccupons rarement de le connaître, lui qui désire nous conduire et nous remplir. Nous cherchons peu à découvrir le saint but de l'Esprit derrière son activité.

Certains chrétiens semblent penser que l'Esprit a commencé à agir lors de Pentecôte. Pourtant nous ne pourrons vraiment connaître l'Esprit et comprendre son ministère que si nous appréhendons tout ce que la Bible nous enseigne sur lui. L'introduction que l'Ancien Testament nous donne sur l'Esprit est une fondation vitale pour toute compréhension exacte de sa personne. Notre appréciation de l'œuvre qu'il accomplit aujourd'hui sera faussée si nous ignorons ce qu'il a fait avant la Pentecôte.

Dès que vous commencez à comprendre ces choses, vous pénétrez dans une dimension où le but réel de votre vie devient palpable. Car vous avez été créé pour être habité et rempli par l'Esprit. Lorsque Dieu a soufflé son souffle, son Esprit, dans les narines d'Adam qu'il avait formé de l'argile, ce dernier est devenu «une âme vivante» (Genèse 2:7). Cela signifie qu'Adam s'est levé de la poussière en tant que premier être rempli de l'Esprit sur cette terre. Il démontrait le meilleur et la plénitude du plan de Dieu pour l'humanité, à savoir que nous soyons habités et remplis de Dieu par le Saint-Esprit et que nous vivions dans une communion profonde et indissoluble avec lui.

D'ici la fin de ce livre, vous aurez vu que l'Esprit est totalement centré sur Jésus. Il convainc les incroyants de ce qui concerne Christ et il les presse de recevoir le Fils et de répondre à son appel. Il suscite la nouvelle naissance par laquelle les pécheurs mettent leur confiance en Jésus et sont initiés et incorporés au corps de Christ. Il continue encore à révéler Christ et la vérité qui le concerne aux chrétiens, en eux et par eux. Il nous témoigne de notre appartenance éternelle à

Introduction

Christ en nous donnant un avant-goût du ciel. Il nous équipe pour servir Christ, pour servir avec Christ et pour servir comme Christ. Et il nous transforme à l'image de Christ. Il est tout ce qui peut concerner Jésus-Christ!

Ce livre s'adresse essentiellement aux croyants qui sont d'accord de mettre de côté leurs propres idées sur le Saint-Esprit et d'étudier la parole de Dieu pour découvrir ce que Dieu y révèle sur l'Esprit. Veuillez lire le texte correspondant à chaque référence biblique afin de bénéficier du contenu de ce livre au maximum. Avant de passer à un nouveau chapitre, réfléchissez attentivement aux implications de ce que vous avez étudié, pour vous-mêmes et ceux qui vous entourent. Laissez Dieu vous parler alors que vous étudiez sa Parole.

Il y a du matériel supplémentaire à votre disposition pour faciliter votre apprentissage. Vous trouverez cette aide dans le *Manuel de l'Etudiant de l'Epée de l'Esprit* et sur le site internet qui sera créé à cet effet. Vous pourrez trouver dans ces ressources des abrégés, des *questionnaires* et des examens qui vous aideront à tester, retenir et appliquer les connaissances que vous aurez acquises dans ce livre.

Vous pourrez aussi utiliser les *abrégés* en petit groupe. Vous pouvez sélectionner dans la prière les parties du fascicule qui vous paraissent les plus adaptées à votre groupe. Cela pourrait signifier par exemple que lors de certaines rencontres vous pourriez utiliser tout le matériel disponible et à d'autres occasions seulement une petite partie de l'abrégé. Faites preuve de bon sens et de discernement spirituel. Sentez-vous libre de photocopier les pages adéquates et de les distribuer à tout groupe que vous pourriez animer.

Ma prière est que lorsque vous aurez fini d'étudier ce livre, vous connaissiez le merveilleux Esprit Saint de Dieu plus pleinement, que vous soyez entrés dans une relation encore plus profonde avec lui, et que vous ayez commencé à expérimenter la joie de vivre avec et dans la présence glorieuse de Christ.

Colin Dye

Chapitre Un

L'Esprit dans l'Ancien Testament

Partout dans l'Ancien Testament le Saint Esprit est appelé «l'Esprit» ou «l'Esprit de Dieu». Le mot français «Esprit» est toujours la traduction du mot hébreu ruah. Il est donc d'importance vitale de saisir ce que ce mot signifie.

Le souffle de Dieu
Comme la plupart des mots bibliques qui se réfèrent à Dieu, *ruah* est un terme imagé dont la signification est vivide et précise. Il est toujours associé à l'idée de souffle exhalé, comme lorsque nous gonflons un ballon, soufflons une bougie, ou lorsque nous expirons fortement durant une course à pied, physiquement exigeante.

L'idée contenue dans ce mot est celle de déplacer de l'air vigoureusement, violemment même. *Ruah* suggère une libération d'énergie, une force envahissante, l'exercice de la force, une activité dynamique débordante de vie.

Dans certains passages, *ruah* décrit un vent qui est très puissant, même destructeur. Mais ce vent est toujours sous le contrôle de Dieu et il accomplit toujours sa volonté. Nous pouvons le voir dans Genèse 8:1, Exode 10:13-19; 14:21; 15:10 (haleine); Nombres 11:31; 1 Rois 19:11; Job 1:19; 37:21; Psaumes 1:4; 48:8; 107:25;135:7; 147:18; 148:8, Esaïe 7:2; 12:15; 27:8; 41:16, Jérémie 10:13; 49:36; 51:1; Ezéchiel 5:2-12; 13:11-13; 27:26; 37:9, Daniel 7:2, Osée 13:15, Jonas 1:4; 4:8 et Zacharie 2:6.

Ces passages, où apparaît le mot *ruah* suggèrent que l'Esprit de Dieu est comme un ouragan que nous ne pouvons ni contrôler ni prédire. Il est une force envahissante qui transforme où qu'il souffle. Il est la puissance de Dieu en action.

Connaître le Saint-Esprit

Ces versets montrent que l'Esprit est le vent qui vient directement de la bouche de Dieu. C'est pourquoi certains l'ont appelé le «souffle de Dieu.» C'est son activité qui prouve que Dieu est vivant. Mais, plus que cela encore, il est aussi le souffle sans lequel tous les êtres humains, hommes ou femmes, seraient morts.

Ruah signifie littéralement exhaler avec une grande violence. Ce n'est pas une image de brise légère. C'est au contraire une image de quelqu'un prenant une profonde respiration et soufflant de toutes ses forces! Dans Ezéchiel 37:1–14 l'Esprit, le souffle de Dieu ramène des ossements desséchés à la vie et en fait une puissante armée.

Dans Ezéchiel 37:1–14, les mots «esprit», «souffle» et «vent» traduisent tous, dans une succession rapide, l'unique mot hébreu ruah. Ceci montre que le terme imagé ruah est associé à une grande variété de sens. Dans l'Ecriture il peut indiquer:

- ◆ L'Esprit de Dieu – personnel, avec un but, invisible et irrésistible
- ◆ La conscience humaine individuelle – comme dans le mot «âme»
- ◆ Le vent qui siffle dans les arbres et qui réduit les maisons en poussière.

Il n'y a pas de mot en français qui contienne toutes ces connotations. Le mot «souffle» en français peut décrire l'expiration de l'air chez l'être humain ou la force du vent, mais il ne se réfère pas à une personne dans sa dimension intellectuelle, spirituelle et émotionnelle, qu'il s'agisse de Dieu ou de l'homme.

D'autre part le mot «esprit» fait effectivement appel à cette notion de personne consciente mais ne contient pas d'allusion à un vent ou un souffle violent, et n'est pas communément compris dans ce sens.

Cela signifie que nous devons apporter un grand soin à notre lecture sur l'Esprit de Dieu dans l'Ancien Testament. Il est le *ruah* de Dieu, le «souffle» de Dieu, et cela suggère toujours la puissance de Dieu en action.

Mots imagés
L'Esprit est décrit dans l'Ancien Testament par quatre images supplémentaires. Elles nous aident à saisir son caractère et à apprécier son activité de manière plus complète.

L'eau
La Bible utilise l'eau comme un symbole de la bénédiction de Dieu et du rafraîchissement spirituel dans des passages tels que Psaume 36:10; 46:5; Esaïe 30:25; 55:1; Jérémie 2:13; 17:13; Joël 3:18; Zacharie 13:1 et 14:8.

Dans Ezéchiel 47:1-12, le prophète a vu de l'eau couler du cœur du futur temple de Dieu. Cette eau pure représentait le flot jaillissant sans restrictions des bénédictions de Dieu pour son peuple, et Ezéchiel reçut l'ordre d'aller s'immerger toujours plus profondément dans l'eau.

Jérémie 2:13 et 17:13 décrit Dieu comme une source d'eau vive et Jean 7:37 à 39 nous dit qu'il s'agit là d'une image du Saint-Esprit.

Il y a deux utilisations pratiques évidentes de l'eau:

- ◆ Elle est essentielle à la vie
- ◆ Elle est vitale quand il faut laver quelque chose.

A l'époque de l'Ancien Testament, des armées essayaient de couper l'approvisionnement en eau quand elles attaquaient un ennemi, sachant que les gens mourraient rapidement s'ils étaient privés d'eau.

L'eau est aussi utilisée pour laver. Elle était utilisée dans Exode 29:4 et Nombres 8:7 pour consacrer les sacrificateurs et les lévites au service. Dans Lévitique 11:40; 15:5-33 elle est utilisée pour enlever l'impureté du peuple. Dans Ezéchiel 36: 25-28 Dieu a promis de nous purifier avec de l'eau et de faire de nous un peuple nouveau.

Ces versets nous aident à nous faire une image de l'action de l'Esprit. Il est la bénédiction de Dieu et nous avons besoin de lui, l'eau divine, pour la vie et la purification.

Le feu

Le feu est même plus efficace que l'eau pour purifier et affiner. Dans l'Ancien Testament le feu était un symbole de l'intervention de Dieu dans l'histoire et de la manière dont l'Esprit purifie les cœurs humains en les préparant au service. Cela apparaît de la manière la plus frappante dans Esaïe 6:6–9.

Parfois, quand Dieu se révélait à des personnes, il était entouré par du feu. Par exemple dans Genèse 15:17; Exode 3:2; 13:21; 19:18; Deutéronome 4:11–12 et Daniel 3:25.

Dans 2 Rois 6:17; Deutéronome 4:24; Psaume 66:12; Esaïe 43:2; 66:15; Ezéchiel 22:18–22; Zacharie 13:9; Malachie 3:2–3 et 4:1, le feu révélait la présence de Dieu, sa sainteté, son jugement et sa colère contre le péché. Il appelait ceux qu'il voulait purifier à passer par le feu.

Dans Esaïe 4:2–6, l'expression «souffle de destruction» signifie en fait «souffle de feu» et ce texte montre que «l'esprit de feu» joue un rôle vital dans l'œuvre purificatrice de Dieu. Ce passage montre que nous devons être purifiés par l'Esprit, par le feu de Dieu, si nous voulons être appelés saints.

L'huile

Dans l'Ancien Testament, l'huile servait à trois usages:

- ◆ En cuisine, pour préparer la nourriture
- ◆ Dans l'obscurité, pour apporter la lumière
- ◆ En médecine, pour aider le processus de guérison.

Chacun de ces usages trouve de manière évidente son application spirituelle dans l'Esprit. Toutefois c'est l'utilisation cérémonielle de l'huile pour oindre les sacrificateurs et les rois pour leur service qui est utilisée comme une image du Saint-Esprit.

L'Esprit dans l'Ancien Testament

L'onction d'huile symbolisait l'équipement du sacrificateur ou du roi pour un service avec la ressource nécessaire de l'Esprit de Dieu. Nous pouvons lire à ce sujet dans Exode 29:1-7; Lévitique 8:1-12; 1 Samuel 10:1-9; 16:13; Esaïe 61:1 et Zacharie 4:1-14.

Quand l'huile était versée sur les sacrificateurs et les rois comme une image de l'Esprit, cela montrait que l'Esprit allait nourrir, illuminer et guérir par l'instrument humain oint. Cela apparaît le plus clairement dans Esaïe 61:1-3.

La colombe

Beaucoup pensent aujourd'hui que les colombes représentent simplement la douceur. Mais elles avaient une signification beaucoup plus large dans l'Ancien Testament. A l'époque les colombes étaient utilisées de trois manières différentes:

- ◆ Elles étaient une source de nourriture
- ◆ Elles étaient sacrifiées à Dieu par les pauvres
- ◆ Elles portaient des messages.

La colombe dans Genèse 8:1-12 annonçait la nouvelle création et une nouvelle existence dans les promesses de Dieu. La colombe est comparée à l'épouse du roi dans le Cantique des Cantiques 2:14; 5:2 et 6:9. Lévitique 5:7-10 désigne la colombe comme un sacrifice agréé pour les pauvres parmi le peuple.

Le mot hébreu pour colombe est *yonah*. Ainsi celui que nous connaissons sous le nom de Jonas, le prophète, porterait mieux le nom de Monsieur Colombe. Il était le messager de Dieu envoyé en mission pour parler aux pécheurs et a passé trois jours dans le ventre d'un poisson avant sa résurrection.

Cela laisse entendre que la colombe représentait beaucoup plus que de la douceur lorsque l'Esprit est descendu comme une colombe au baptême de Jésus. La colombe:

- ◆ Montrait que Jésus était un messager qui devait nourrir le peuple de Dieu

Connaître le Saint-Esprit

- ◆ Révélait que l'aube d'une nouvelle création avait surgi
- ◆ Pointait sur Jésus en tant que sacrifice pour les péchés des pauvres
- ◆ Faisait allusion à la mort et à la résurrection en tant qu'étapes d'une mission pour atteindre des pécheurs.

Montrait par sa descente que Jésus était oint d'un Esprit qui était toutes ces choses en même temps et les susciterait dans la vie de Christ.

L'œuvre de l'Esprit
L'expression «l'Esprit» ou «l'Esprit de Dieu» apparaît presque cent fois dans l'Ancien Testament. Chaque fois qu'elle est utilisée, elle décrit Dieu à l'œuvre, Dieu en train d'apporter le changement, Dieu qui fait une différence dans ce monde qu'il a créé ou dans son peuple. La révélation et l'équipement pour le service sont clairement les activités principales de l'Esprit. Les Ecritures semblent indiquer que l'Esprit de Dieu est impliqué dans sept tâches spécifiques:

Il donne une forme à la création
Genèse 1:2; 2:7; Psaume 33:6; Job 26:13 et 33:4 décrivent comment l'Esprit modèle la création et anime les êtres créés.

Genèse 1:2 donne la description de l'Esprit planant au-dessus des eaux comme un oiseau de proie attendant le bon moment pour plonger dans l'action. Genèse 2:7 déclare que Dieu a insufflé la vie dans les narines de l'être qu'il venait de former de l'argile et que cet être est devenu un être vivant. Ce que le Père avait créé, l'Esprit l'a animé au moment où il a entendu la parole de Dieu. L'Esprit, le souffle de Dieu, la respiration de Dieu, a plongé dans l'action, a libéré la puissance donatrice de vie de Dieu et l'argile froide est devenue une humanité vibrante de respiration.

L'Esprit dans l'Ancien Testament

Il contrôle l'histoire
Psaume 104:29-30; Esaïe 34:16 et 40:7 illustrent la manière dont l'Esprit soutient la vie et contrôle la nature et le cours de l'histoire.

Il révèle la vérité et la volonté divines
Dans leur enseignement, les Ecritures montrent une relation étroite entre l'Esprit et la révélation de la vérité et de la volonté de Dieu à ses messagers les prophètes. C'est la base de la prophétie. Ce lien explique aussi pourquoi tant de prophètes de l'Ancien Testament pouvaient témoigner que leurs paroles et leurs écrits étaient le résultat de la venue de l'Esprit du Seigneur sur eux.

Le souhait de Moïse rapporté dans Nombres 11:29 est la première allusion au lien existant entre l'Esprit et la prophétie. Les expériences de Saül dans 1 Samuel 10 et 19:18-24 montrent que la descente de l'Esprit conduisait à de la prophétie spontanée. Michée 3:8 suggère que l'Esprit ne faisait pas que donner l'inspiration mais donnait aussi le courage de communiquer la révélation. Et Joël 2:28 montre clairement que la venue de l'Esprit sera source de prophétie.

Dans Ezéchiel 37:1-2, l'Esprit emmène le prophète dans la vallée des ossements desséchés et lui révèle la vérité de Dieu par une vision.

Beaucoup d'autres passages montrent que l'Esprit de Dieu peut révéler la vérité de Dieu par des éclairages indirects ou par une communication directe. Par exemple dans Nombres 24:2; 2 Samuel 23:2; 2 Chroniques 12:18; 15:1; Néhémie 9:30; Job 32:8; Esaïe 61:1-4; Ezéchiel 2:2; 11:24 et Zacharie 7:12.

Il enseigne la voie de la fidélité
Dans Néhémie 9:20; Psaume 143:10; Esaïe 48: 16 et 63:10-14, l'Esprit enseigne la vérité de Dieu par des révélations prophétiques à tout le peuple de Dieu. Il montre le chemin de la fidélité et de la productivité.

Il réveille le peuple de Dieu
L'Esprit éveille des hommes et des femmes à la réalité de Dieu dans l'Ancien Testament. Il convainc les gens de leur péché. Il les conduit à la repentance et à la foi. Il les presse de poursuivre la justice et l'obéissance. Et il les encourage à répondre par la louange et la prière aux instructions de Dieu et à sa communion.

Dans le Psaume 51, David criait à Dieu à cause de son péché. Il avait été convaincu de péché et amené à la repentance par l'Esprit. Les versets 11 à 13 montrent comment l'Esprit rendit David sensible aux réalités spirituelles et provoqua une réponse de sa part.

Esaïe 44:3–5 illustre la manière dont l'Esprit pousse les gens à se tourner vers Dieu. Ezéchiel 39:29 montre que l'Esprit nous révèle la face de Dieu. Ezéchiel 11:19–20 et 36:25–27 mettent en relief la différence que l'Esprit fait dans nos vies. Et Joël 2:28–32 énumère certains des changements qui prennent place dans nos vies quand l'Esprit vient.

Il équipe des individus pour le leadership
Les Ecritures montrent que l'une des activités principales de l'Esprit dans l'Ancien Testament était d'équiper les gens pour le leadership.

Dans Genèse 41:33–42, Pharaon choisit Joseph comme Leader sur l'Egypte parce qu'il reconnaît que l'Esprit de Dieu lui a donné une sagesse et un discernement particuliers.

Nombres 11:16–29 ne laisse pas de doutes sur le fait que le même Esprit qui avait équipé Moïse pour devenir un leader national était nécessaire aux soixante-dix anciens pour leurs responsabilités en tant que leaders.

Juges 3:10; 6:34; 11:29; 13:25; 14:19 et 15:14 montrent comment l'Esprit rend capables des juges tels que Josué, Othniel, Gédéon, Jephté et Samson pour conduire Israël et le délivrer de ses ennemis.

Saül et David les deux premiers rois furent personnellement choisis par Dieu en tant que chefs, les rois qui suivirent étaient

L'Esprit dans l'Ancien Testament

simplement issus de la dynastie. 1 Samuel 10:10; 11:6; 16:13 et 19:20–23 sont des passages qui décrivent comment ces deux rois ont été aidés par l'Esprit pour gouverner sur Israël de manière efficace.

Les gens ne pouvaient fonctionner en tant que prophètes que s'ils étaient appelés, inspirés et revêtus de puissance par l'Esprit, comme Elie, Elisée et Esaïe dans 2 Rois 2:9–15; Esaïe 11:1–5 et 42:1–4. Dieu les a appelés dans sa présence pour leur révéler ses intentions et aussi pour les envoyer et les équiper des ressources vitales de son Esprit.

De manière similaire les sacrificateurs étaient également oints d'huile et cette onction symbolisait le fait que Dieu les avait choisis et désignés pour le leadership. Dans Exode 29 et Lévitique 8, par exemple, l'autorité est conférée à Aaron et ses fils lorsque Moïse les oint d'huile – ceci symbolisait le fait que l'Esprit était avec eux d'une manière spéciale.

Il équipe des individus de talents et de force

Exode 31:1–3 et 35:30–35 montrent comment l'Esprit a donné à Betsaleel et Oholiab toutes sortes de talents et d'habilité dans toutes sortes d'ouvrages pour les aider à construire un merveilleux tabernacle. Aggée 2:4–9 et Zacharie 4:6–10 indiquent que Zorobabel était aussi équipé par l'Esprit pour construire un beau bâtiment pour Dieu. Et il y a un équipement similaire donné à Hiram dans 1 Rois 7:14.

Il est probable que ces hommes furent des ouvriers talentueux avant que l'Esprit soit venu sur eux. Mais l'Esprit leur avait donné une habilité extraordinaire et spéciale afin de servir Dieu encore mieux.

Une préfiguration

Exode 31:3 utilise une expression pour décrire la réception de l'Esprit que nous retrouvons très souvent dans le Nouveau Testament mais qui ne se trouve qu'ici dans l'Ancien Testament: «rempli de l'Esprit».

Connaître le Saint-Esprit

Beaucoup de vérités bibliques ne sont que partiellement révélées dans l'Ancien Testament, elles sont l'ombre des choses à venir ou leur «préfiguration.» En d'autres termes, nous voyons une silhouette un peu floue dans l'Ancien Testament avant d'arriver à la réalité dans le Nouveau Testament. Il a été dit au sujet de l'Ancien et du Nouveau Testaments: «Le Nouveau est caché dans l'Ancien; l'Ancien est révélé dans le Nouveau.» Nous pouvons obtenir un éclairage intéressant sur une vérité dans l'Ancien Testament que nous découvrons ensuite pleinement dans le Nouveau Testament.

Nous ne connaîtrions pas très bien l'Esprit si nous basions notre compréhension de lui seulement sur l'Ancien Testament. Nous aurions la notion que Dieu était actif par son Esprit dans sa création, de son contrôle de toutes choses, de son rôle dans la révélation, le réveil et l'équipement. Par exemple dans le Psaume 139:7, le psalmiste demande où nous pourrions fuir loin de l'Esprit de Dieu et la présence de Dieu. Ceci peut suggérer que l'Esprit est le médiateur de la présence de Dieu mais ne met pas en évidence la distinction entre les personnes de Dieu et de son Esprit.

Ceci signifie que si nous n'avions que l'Ancien Testament, nous ne penserions pas nécessairement que le souffle de Dieu soit plus qu'une extension ou une dimension de Dieu ou qu'il soit une personne divine de plein droit. Que l'Esprit soit une personne distincte peut (et d'après le Nouveau Testament devrait) être décelable dans la lecture que l'on fait de l'Ancien Testament. Cette nuance, si elle est décelable, n'est pour autant pas déductible de la même lecture. La nature trinitaire de Dieu est un fait éternel, mais qui n'est pas pleinement révélé dans l'Ancien Testament.

Ce n'est pas un problème du tout. En fait c'est ce à quoi nous devrions nous attendre car l'existence même de la Bible donne un témoignage à la nature extensible de la révélation progressive de Dieu dans l'histoire. La Bible montre que Dieu dévoile sa vérité de plus en plus au cours de l'histoire, et que cette révélation est à son apogée au moment où il envoie

L'Esprit dans l'Ancien Testament

son Fils Jésus et où le Nouveau Testament est écrit. Tout cela signifie que nous ne devrions pas nous attendre à trouver dans les parties les plus anciennes de l'Ecriture quelque chose que Dieu a volontairement révélé dans les plus récentes.

Même si nous devons attendre le Nouveau Testament pour établir de manière absolument claire que l'Esprit n'est pas juste une puissance mais aussi une personne, il y a des préfigurations de sa personne dans l'Ancien Testament.

Les termes imagés de l'Ancien Testament sur l'Esprit peuvent paraître plutôt impersonnels mais ils sont tout de même des images appropriées pour décrire un être infiniment puissant. Prises ensemble, ces images et ces activités nous offrent un aperçu d'une personne que nous voyons plus clairement dans le Nouveau Testament.

Le témoignage de l'Ancien Testament concernant l'Esprit pointe sur une époque future où la manifestation de l'Esprit sera plus complète. Cette attente de plénitude est beaucoup liée à la venue du Messie sur lequel l'Esprit de Dieu reposera d'une manière nouvelle et sans précédent (Esaïe 11:1–5; 42:1–4:61:1–3). Toutefois il y a aussi la grande espérance de Joël 2:28–29 dans l'effusion de l'Esprit sur toute chair (tout être humain).

Si nous devions utiliser un terme imagé moderne, nous pourrions penser au Saint-Esprit comme au directeur exécutif de la divinité. Un directeur exécutif dans une entreprise est responsable d'appliquer la politique, le programme, les décisions et la vision des directeurs généraux. C'est ainsi que le Saint-Esprit agit au nom du Père pour mettre en œuvre sa volonté.

Le Saint-Esprit

Nous avons vu qu'il y a presque cent références à l'Esprit ou l'Esprit de Dieu dans l'Ancien Testament mais nous savons tous qu'il est appelé le *Saint*-Esprit dans le Nouveau Testament.

Ce titre particulier est donné à l'Esprit seulement deux fois dans l'Ancien Testament, dans le Psaume 51:13 et Esaïe 63:10

& 11 si bien que Jean-Baptiste devait se référer à ces deux passages lorsqu'il parla du *Saint*-Esprit au baptême de Jésus dans le Jourdain.

Psaume 51
Le Psaume 51 est l'un des sept «psaumes de pénitence» et il aborde puissamment la question de la repentance. L'auteur de ce Psaume, presque à coup sûr le roi David regrette profondément son péché et supplie Dieu le Saint-Esprit, au verset 13, de rester avec lui.

Si sa requête concernant le Saint-Esprit est exaucée, l'auteur promet aux versets 15 à 17 d'enseigner la voie de Dieu aux pécheurs et de louer Dieu avec sa bouche.

Esaïe 63
Esaïe 63:10 montre que le Saint-Esprit est attristé chaque fois que nous nous éloignons de Dieu, ce qui doit correspondre à l'attitude exactement opposée à celle de la repentance.

Tout ce chapitre se rapporte au Saint-Esprit et associe sa présence aux signes, aux miracles et à sa conduite miraculeuse.

Le Psaume 51 et Esaïe 63, les deux références de l'Ancien Testament au Saint Esprit, préfigurent l'œuvre de l'Esprit dans le Nouveau Testament, peut-être pas de manière très détaillée mais les grandes lignes sont clairement tracées.

Le glorieux Saint-Esprit, le Dieu qui souffle, est associé aux vies repentantes, avec l'annonce de la bonne nouvelle au sujet de Dieu et avec des signes puissants et une direction spéciale. Tout ce qui suivra dans les Ecritures au sujet de l'Esprit viendra simplement compléter le tableau avec les détails, car le Saint-Esprit aujourd'hui est le même que ce qu'il était alors.

Chapitre Deux

L'Esprit dans le Nouveau Testament

Le Nouveau Testament a été écrit en Grec. Le mot grec traduit par «Esprit» est *pneuma*, encore un terme imagé.

Comme le mot hébreu *ruah*, *pneuma* contient aussi la signification d'un vent puissant autant que celle d'un esprit personnel. Par exemple dans Jean 3:8, la leçon de Jésus est d'autant plus frappante lorsqu'on réalise que le même mot *pneuma* dans le texte grec est traduit dans nos Bibles tantôt par vent, tantôt par Esprit (de Dieu).

Le Dieu qui souffle

Pneuma signifie d'abord «vent.» Ce mot vient du verbe grec *pneo* qui signifie «souffler», mais le substantif du même mot peut aussi signifier «respiration» et «esprit». Comme le vent, l'Esprit de Dieu est invisible et puissant.

Dans le Nouveau Testament, *pneuma* peut avoir des significations très diverses. Voici quelques exemples succincts des utilisations de ce mot et ce qu'il peut recouvrir. Il est conseillé de lire ces références dans plusieurs traductions différentes pour en tirer une image plus complète:

- ◆ Le vent – Jean 3:8
- ◆ La respiration – Apocalypse 11:11
- ◆ La partie immatérielle et invisible de l'être humain – Luc 8:55, Actes 7:59
- ◆ Une personne désincarnée – Luc 24:37 à 39, Hébreux 12:23
- ◆ Le corps de résurrection – 1 Corinthiens 15:45, 1 Timothée 3:16

- ◆ L'esprit en tant que siège des pensées, des sentiments, de la compréhension et des désirs – Matthieu 5:3, Actes 17:16
- ◆ Un but ou un objectif – 2 Corinthiens 12:18, Ephésiens 4:23
- ◆ L'équivalent du pronom personnel pour l'accentuer et le souligner – 1 Corinthiens 16:18, Philémon 25
- ◆ Le caractère – Luc 1:17, Romains 1:4
- ◆ Des qualités morales:
  Servitude – Romains 8:15
  Liberté – Romains 8:15
  Timidité – 2 Timothée 1:7
  Douceur – 1 Corinthiens 4:21
  Foi – 2 Corinthiens 4:13
  Paix – 1 Pierre 3:4
- ◆ Un don divin pour le service – 1 Corinthiens 4:12 (l'adjectif *pneumatikon*)
- ◆ La vision – Apocalypse 1:10 et 4:2
- ◆ Le vrai sens plus que le côté formel des mots utilisés – Jean 6:63, Romains 7:6
- ◆ Les esprits mauvais ou démons – Matthieu 8:16, 1 Pierre 3:19
- ◆ Les anges – Hébreux 1:14
- ◆ Le Saint-Esprit – Matthieu 4:1, Luc 4:18.

Nous devons garder à la pensée cette incroyable richesse de *pneuma* lorsque nous lisons ce qui concerne le Saint-Esprit dans le Nouveau Testament. Il est aisé de se laisser enfermer dans une compréhension limitée de l'Esprit ou d'avoir sur lui une idée qui est construite sur notre arrière-plan ou notre expérience personnelle. Il est d'importance vitale que nous saisissions la vision d'ensemble de la nature et de l'œuvre du Saint-Esprit.

L'Esprit dans le Nouveau Testament

Noms et titres

Dans le Nouveau Testament, le nom de l'Esprit est exprimé de nombreuses et diverses manières. Traduits directement du Grec, les voici:

- ◆ Esprit – Matthieu 22:43
- ◆ L'Esprit éternel – Hébreux 9:14
- ◆ L'Esprit – Matthieu 4:1
- ◆ Saint Esprit – Matthieu 1:18
- ◆ Le Saint Esprit – Matthieu 28:19
- ◆ L'Esprit, le Saint – Matthieu 12:32
- ◆ L'Esprit promis – le Saint, Ephésiens 1:13
- ◆ Esprit de Dieu – Romains 8:9
- ◆ Esprit du Dieu vivant – 2 Corinthiens 3:3
- ◆ L'Esprit de Dieu – 1 Corinthiens 2:11
- ◆ L'Esprit de notre Dieu – 1 Corinthiens 6:11
- ◆ L'Esprit de Dieu, le Saint – Ephésiens 4:30
- ◆ L'Esprit de gloire et de Dieu – 1 Pierre 4:14
- ◆ L'Esprit de celui qui a ressuscité Jésus d'entre les morts – Romains 8:11
- ◆ L'Esprit de votre Père – Matthieu 10:20
- ◆ L'Esprit de son Fils – Galates 4:6
- ◆ L'Esprit du Seigneur – Actes 5:9
- ◆ Le Seigneur, l'Esprit – 2 Corinthiens 3:18
- ◆ L'Esprit de Jésus – Actes 16:7
- ◆ L'Esprit de Christ – Romains 8:9
- ◆ L'Esprit de Jésus-Christ – Philippiens 1:19
- ◆ Esprit d'adoption – Romains 8:15

Connaître le Saint-Esprit

- ◆ L'Esprit de vérité – Jean 14:17
- ◆ L'Esprit de vie – Romains 8:2
- ◆ L'Esprit de grâce – Hébreux 10:29.

En méditant sur le sujet de l'Esprit, il est important de garder à la pensée cette variété d'expressions. Il serait peut être juste de les utiliser plus souvent quand nous parlons de lui ou quand nous nous adressons à lui.

En lisant ces noms et ces titres, nous aurons peut-être remarqué que l'article défini «le» manque parfois. Cette nuance n'apparaît pas nécessairement dans nos traductions en français.

Dans la plupart des cas, l'absence d'article défini est due au fait que *Pneuma* est surtout un nom propre. Nous n'écrivons pas «le Pierre» ou «le Jésus» ou «le Dieu» alors que nous écrivons «la table» ou «le souffle» ou «le vent».

Nous pouvons voir cela dans Jean 7:39 qui, traduit littéralement, donnerait: «il dit cela concernant l'Esprit, que ceux qui croiraient en lui recevraient, car Esprit n'était pas encore donné...»

En règle générale, quand le Nouveau Testament utilise *pneuma* pour décrire l'Esprit de Dieu, l'article défini «le» est présent quand l'Esprit est distingué des autres membres de la trinité, comme dans Jean 14:26.

A certains endroits, l'article défini apparaît à la fois devant *pneuma* et *hagios*. C'est un outil syntaxique que l'auteur utilise pour attirer notre attention sur la sainteté du caractère de l'Esprit. Nous pouvons voir cela dans Matthieu 12:32, Marc 3:29; 12:36; 13:11; Luc 2:26; 10:21; Jean 14:26; Actes 1:16; 5:3; 7:51; 10:44; 13:2; 15:28; 19:6; 20:23, 28; 21:11; 28:25; Ephésiens 4:30; Hébreux 3:7; 9:8 et 10:15.

La nature personnelle du Saint-Esprit
La personnalité de l'Esprit est soulignée par Jésus d'une manière spéciale dans Jean 14:26; 15:26; 16:8, 13 et 14.

L'Esprit dans le Nouveau Testament

Dans ces versets, Jésus utilise le pronom intensif *ekeinos* «il» au masculin, alors que le nom *pneuma* est neutre en Grec et son équivalent en Araméen (la langue parlée par Jésus) *ruha* est féminin. C'était la manière utilisée par Jésus pour souligner que l'Esprit est «quelqu'un» et non «quelque chose»; il ne s'agit donc pas d'une erreur mais d'un indice qui souligne la nature personnelle de l'Esprit.

Dans Jean 14:17, où l'Esprit apparaît pour la première fois dans ce discours, les pronoms neutres sont utilisés et la grammaire ainsi respectée. Cela ne veut pas dire que nous devons penser l'Esprit en tant que quelque chose sans personnalité. L'auteur ne fait qu'obéir aux règles de grammaire en utilisant un pronom neutre pour se référer à un nom neutre.

La nature personnelle de l'Esprit ressort au verset 26 qui se réfère à «l'aide» – qui est le mot masculin *parakletos* en Grec. Ceci souligne le fait que Jésus présentait l'Esprit comme une personne distincte – comme un «aide» ou «quelqu'un appelé auprès de nous pour nous aider».

L'accent mis par le Nouveau Testament sur la nature personnelle de l'Esprit précise les images de l'Esprit données par l'Ancien Testament. Jésus et les apôtres reconnaissaient clairement que la personne de l'Esprit était à l'œuvre dans l'Ancien Testament et que les références au souffle de Dieu désignaient l'activité personnelle de l'Esprit. Par exemple:

- ◆ Marc 12:36, Actes 1:16 et 4:25. Ces passages disent que David a parlé par le Saint Esprit dans 2 Samuel 23:2.

- ◆ Luc 4:18–21. Ici Jésus, rempli de la puissance du Saint Esprit en tant que personne, proclame que sa prédication accomplit le témoignage rendu par Esaïe 61:1–4 au sujet de l'onction qui serait sur lui par l'Esprit.

- ◆ Jean 3:5–10. Jésus reproche à Nicodème de ne pas avoir réalisé que son enseignement sur la nouvelle naissance fait allusion à Ezéchiel 36:25–27 et 37:1–14.

Connaître le Saint-Esprit

- Actes 28:25, Hébreux 3:7 et 10:15–7. Dans ces passages, un enseignement de l'Ancien Testament avec son application pour le Nouveau Testament est attribué à l'Esprit.
- Actes 2:16–18 Pierre identifie l'effusion de l'Esprit personnel à la prédiction de Joël 2:28–29.

Dans le Nouveau Testament, le Saint-Esprit est clairement présenté comme le troisième membre de la trinité. Il est clair qu'il est à la fois pleinement une personne et pleinement divin. Si l'allusion au «Saint-Esprit» n'était qu'une manière de décrire la puissance de Dieu, le Nouveau Testament désignerait l'Esprit par le pronom neutre (quelque chose) au lieu de systématiquement utiliser le pronom masculin (lui). Il ne le montrerait pas en train d'agir d'une manière aussi personnelle. Par exemple le Nouveau Testament révèle que le Saint-Esprit entend, parle, aide, témoigne, convainc, commande, dit, déclare, conduit, guide, est attristé, enseigne, empêche, s'oppose, désire et donne de s'exprimer. On pourrait présenter l'argument selon lequel attrister le Saint-Esprit revient simplement à attrister Dieu. Mais il est assez improbable que l'Esprit pourrait faire toutes ces choses en même temps s'il n'était pas une personne de plein droit.

Le Saint-Esprit intercède avec le Père pour les croyants. Il lui serait impossible d'intercéder s'il n'était simplement qu'une extension de Dieu. C'est donc le ministère d'intercession de l'Esprit qui prouve de manière concluante qu'il est une personne distincte.

Pour couronner le tout, si le «Saint-Esprit» n'était qu'une autre manière de décrire la puissance de Dieu, le Nouveau Testament n'indiquerait pas de manière si claire qu'il est Dieu, et pourtant distinct du Père et du Fils.

Des passages comme Matthieu 28:19, Actes 5:3–4, 1 Corinthiens 12:4–6, 2 Corinthiens 13:14, Ephésiens 1:3–14; 2:18; 3:14–19; 4:4–6; 2 Thessaloniciens 2:13–14, 1 Pierre 1:2 et Apocalypse 1:4–5 sont des passages qui unissent le Père, le Fils et l'Esprit ensemble d'une manière qui ne laisse aucune place au doute: l'Esprit est pleinement divin. L'Esprit est vraiment Dieu Tout puissant.

L'annonce de Jean

Toute personne qui ne connaîtrait rien au sujet de Jésus et ouvrirait l'Evangile pour avoir des informations, tomberait sur l'annonce de Jean Baptiste selon laquelle: «lui vous baptisera de Saint-Esprit et de feu.» Cette déclaration apparaît au début de chacun des quatre Evangiles: Matthieu 3:1-12, Marc 1:1-8, Luc 3:1-18 et Jean 1:19-34.

Il semble que pour autant que Jean fut concerné, baptiser dans le Saint-Esprit et le feu était la tâche la plus importante que Jésus eût à accomplir.

Jean tire un parallèle entre son baptême d'eau et le baptême de celui qui est plus fort que lui, un baptême dans l'Esprit et le feu. De même que les foules étaient immergées dans l'eau par Jean, de même les disciples de Jésus seraient immergés dans le Saint-Esprit et le feu.

Ceci a du rappeler aux auditeurs de Jean qui connaissaient si bien les Ecritures, les images de l'Ancien Testament à propos de l'Esprit de Dieu et en particulier celles qui se trouvent dans le Psaume 51 et Esaïe 63.

Mais ceux qui écoutaient Jean ont dû ressentir la mention du baptême de feu comme un défi. Car ils connaissaient probablement les passages tels que Esaïe 1:25; 4:3-6; Daniel 7:10, Zacharie 13:9 et Malachie 3:2-3 qui décrivent l'Esprit venant dans le jugement pour purger la vie des gens.

Tout cela montre que si le baptême de Jean peut laver, Jésus nous purifie maintenant pour nous sauver du jugement qui vient. Le baptême dans l'eau de Jean peut «effacer notre ardoise», mais le baptême de Jésus dans l'Esprit et le feu promet de transformer l'ardoise elle-même.

Veuillez noter que l'annonce de Jean peut être légitimement traduite de deux manières différentes: «il vous baptisera dans le Saint-Esprit et le feu» ou «il vous baptisera avec (ou «de») le

Connaître le Saint-Esprit

Saint-Esprit et le feu». Ces deux possibilités existent du fait du datif dans la construction de la phrase en Grec qui permet à la préposition *en* (qui peut signifier «dans», «par» ou «avec») d'être traduite de l'une ou l'autre manière. Mais les deux traductions soulignent chacune une vérité importante. La première montre que Christ nous baptise «dans» le Saint-Esprit. Le Saint-Esprit est donc l'élément dans lequel Jésus baptise les croyants, de même que Jean baptisait ses disciples dans l'élément eau. La seconde traduction comprend la construction de la phrase dans son sens instrumental, soulignant le fait que Jésus nous baptise «par le moyen de» ou «avec» le Saint-Esprit. Dans ce livre, nous nous appuierons sur les deux compréhensions de ce texte.

L'expression spéciale de Luc
Nous avons vu qu'Exode 31:3 décrit Betsaleel comme étant «rempli de l'Esprit.» Luc utilise la même expression à beaucoup de reprises dans son Evangile et dans les Actes, livre dont il est aussi l'auteur.

Luc utilise cette expression pour décrire ce qui s'est passé pour des gens ordinaires tels qu'Elisabeth et Zacharie, Luc 1:41–67, ainsi que pour des gens comme Jean et Jésus, Luc 1:15; 4:1. Il utilise la même expression encore sept fois dans Actes 2:4; 4:8; 6:5; 7:55; 9:17; 11:24 et 13:52.

Le mot grec que Luc utilise pour dire «rempli» est *pletho*. C'est le mot qui se trouve dans Matthieu 27:48 et Jean 19:29 pour décrire comment l'éponge avait été remplie de vinaigre de vin pour Jésus.

Au moment de la croix, une éponge sèche fut immergée dans une jarre pleine de vin. Le vin n'a pas été versé sur l'éponge, c'est au contraire l'éponge qui a été remplie en étant plongée dans le vin. C'est de cette même manière que nous sommes remplis du Saint-Esprit.

Nous ne contenons pas l'Esprit. Au lieu de cela nous sommes plongés par Jésus dans le Saint-Esprit pour être remplis comme une éponge est imbibée de liquide. Nous

L'Esprit dans le Nouveau Testament

sommes saturés par l'Esprit, nous sommes remplis de l'Esprit parce que nous sommes mis *dans* l'Esprit pour commencer à vivre dans la présence de l'Esprit.

Luc utilise la même expression pour décrire à la fois l'expérience d'être rempli et le résultat de cette expérience d'être rempli, Luc 1:41 et 4:1, Actes 2:4 et 4:8. Ceci signifie que nous restons remplis de l'Esprit aussi longtemps que nous continuons à vivre dans l'Esprit.

Le ministère de Jésus

Les Evangiles montrent que la vie de Jésus a été vécue dans l'Esprit depuis ses premiers instants sur la terre. Matthieu 1:18–21 et Luc 1:31–35 montrent comment Jésus a été conçu par le Saint-Esprit dans l'intention qu'il soit saint et le Fils même de Dieu.

Bien qu'il fût pleinement divin, Jésus ne s'accrochait pas à son égalité avec Dieu. Philippiens 2:5–11 montre qu'il s'est vidé lui-même. Il a mis de côté sa majesté et s'est revêtu d'humilité. Il a choisi de ne pas exercer son omnipotence et son omniscience. Il a choisi de se revêtir de toutes les faiblesses humaines à l'exception de celle du péché.

Il n'a pas cessé d'être Dieu, parce qu'il ne pouvait pas abandonner sa nature divine. Au lieu de cela, il a sacrifié le rang et l'honneur publics qui lui étaient dus, parce qu'il était Dieu, et il a pris la condition d'un esclave. Et c'était justement à cause de cette manière particulière de se revêtir de son humanité que Jésus avait besoin d'être rempli de l'Esprit avant de pouvoir commencer son ministère.

Le baptême de Jésus par Jean fut le moment de son envoi et de son équipement pour le ministère. Lorsqu'il est sorti de la rivière, Matthieu 3:13–17 rapporte que l'Esprit est descendu comme une colombe et que le Père a déclaré: «Celui-ci est mon Fils bien-aimé, en qui j'ai mis toute mon affection.»

C'était le moment où Jésus a été oint et équipé pour le service. Marc 1:12–13 montre que le premier acte de l'Esprit fut de pousser Jésus dans le désert pour un choc frontal avec

Connaître le Saint-Esprit

l'ennemi. Luc 4:1 déclare que Jésus était «rempli du Saint-Esprit» quand il est entré dans le désert, mais Luc 4:14 rapporte qu'il était «rempli de la puissance de l'Esprit» quand il a quitté le désert.

Il y a une différence extrêmement importante entre le fait d'être rempli du Saint Esprit et le fait d'être plein de la puissance de l'Esprit. Le premier état correspond à la condition de base, le deuxième est le résultat de cette condition, vécue dans l'obéissance et dans la victoire sur la tentation. La pureté spirituelle de Jésus face à la tentation démoniaque a produit sa puissance spirituelle.

Luc 4:16–27 décrit comment Jésus est passé du désert à la Synagogue de Nazareth, a cité le passage d'Esaïe 61 et se l'est appliqué. Dans la rivière, il avait été oint pour servir. Actes 10:38 en se référant à cette onction, déclare qu'une fois pour toutes, Dieu a été «avec lui.»

Du fait qu'il avait été oint de l'Esprit, Jésus avait reçu la capacité de faire ce qu'il n'avait pas pu faire auparavant en tant qu'homme. Ce n'est pas que le Fils avait cessé d'être Dieu. Mais en tant que Dieu-homme, il avait choisi de ne pas utiliser sa puissance divine. Au contraire, il dépendait entièrement du Saint-Esprit en toutes choses. Et c'est exactement de la même manière qu'il nous appelle à dépendre de la puissance de l'Esprit. Après avoir été oint de l'Esprit, Jésus est allé «de ville en villes, faisant du bien et guérissant tous ceux qui étaient sous l'empire du diable.»

L'ensemble du ministère de Jésus a été accompli d'un trait, avec l'Esprit. Le Saint-Esprit était la source de sa vie, sa puissance et ses émotions.

- ◆ Il était rempli de joie par le Saint-Esprit – Luc 10:21
- ◆ Il chassait les démons par l'Esprit – Matthieu 12:28
- ◆ Il enseignait par l'Esprit – Actes 1:2
- ◆ Il s'est sacrifié lui-même par l'Esprit – Hébreux 9:14.

L'Esprit dans le Nouveau Testament

Nous pouvons dire de la vie de Jésus, sa croissance, son caractère, ses émotions et son ministère, que toutes ces choses provenaient du fait qu'il était né de l'Esprit, qu'il avait été rempli du Saint-Esprit, et qu'il vivait continuellement dans l'Esprit.

Le *parakletos*

D'après le Nouveau Testament, il y a peu de choses qui concernent l'Esprit dans l'enseignement que Jésus a donné précédant le dernier repas – Jean 13 – 17. Lors de ce repas d'adieux, Jésus expliqua qu'il était avantageux aux disciples qu'il s'en aille. Dans Jean 16:7, Jésus leur dit que le Paraclet ne viendrait pas si lui-même ne s'en allait pas.

Jésus fait cinq fois référence à l'Esprit comme au *Parakletos* durant le dernier repas. Dans Jean 14:16, il a utilisé le mot grec *allos* pour «un autre.» En utilisant *allos* au lieu de *heteros*, Jésus souligne le fait que l'Esprit est: «un autre comme» Jésus, et non pas «un autre différent de» Jésus.

La difficulté consiste à trouver un équivalent au mot *Parakletos* en français (d'où le mot «Paraclet»). La plupart de nos versions françaises utilisent un mot différent comme par exemple: conseiller, avocat, aide, consolateur.

Ce mot vient du verbe *parakaleo* qui signifie «appeler auprès de.» Ceci nous montre que le Saint-Esprit est appelé auprès de nous et qu'il appelle de cette position auprès de nous. Il vient à nos côtés pour nous aider, pour parler en notre faveur, pour nous encourager et nous conseiller. Il aide à la manière de Jésus!

Jean 14:25–27 le révèle en tant qu'enseignant; Jean 15:26 déclare qu'il rendra témoignage de Jésus; Jean 16:7–11 se concentre sur son importante activité dans le monde, consistant à le convaincre de péché, de justice et de jugement; et Jean 16:13 promet que l'Esprit conduira les disciples dans toute la vérité.

Jean 16:14–15 révèle et identifie la caractéristique principale de l'œuvre de l'Esprit dans Jean 16:14–15. Jésus explique ici: l'Esprit «me glorifiera.» Tout ce que l'Esprit dit et fait est de glorifier, d'illuminer Jésus, de diriger les projecteurs et d'attirer l'attention du monde sur Jésus. Veuillez noter que son ministère est centré sur le monde, et non pas sur l'église. Il est vital que nous comprenions ce principe.

Le Saint-Esprit n'attire jamais l'attention sur lui-même. Il reste toujours à l'arrière-plan, s'assurant que toute la gloire et toute l'attention sont portées sur Jésus. Lorsque nous serons remplis du Saint-Esprit, nous nous conduirons certainement comme lui.

Le début de l'église

Quand Jésus présenta le Paraclet aux apôtres, il s'agissait de son dernier message. Il est ensuite parti pour le calvaire. Trois jours plus tard il est sorti du tombeau de manière éclatante et est passé à travers des portes fermées pour enthousiasmer ses disciples. Les premières paroles de Jésus aux disciples dans Jean 20:20–22 sont assez semblables à celles de Genèse 2:7 et Ezéchiel 37:5–9: «La paix soit avec vous! Comme le Père m'a envoyé, moi aussi je vous envoie.» Après ces paroles il souffla sur eux, et leur dit: «Recevez le Saint-Esprit.»

Jésus soufflant sur ses apôtres semble avoir été une action prophétique qui a trouvé son accomplissement à la Pentecôte, quand l'Esprit est venu comme un vent violent. De même que Jésus a dû attendre jusqu'à son baptême pour recevoir l'Esprit de Dieu, de même l'église a dû attendre la Pentecôte pour recevoir l'Esprit.

Les dernières paroles de Jésus avant Gethsémané, ses premières paroles aux disciples après la résurrection et ses dernières paroles avant son ascension ont toutes concerné le Saint-Esprit. Dans Actes 1:1–8 il rappelle aux disciples ce que Jean avait annoncé et juste avant de monter au ciel il leur promet qu'ils recevront une puissance quand le Saint- Esprit viendra sur eux.

L'Esprit dans le Nouveau Testament

La pentecôte

A l'époque du Nouveau Testament, la fête de la Pentecôte célébrait la première partie de la récolte. Les premiers fruits avaient été cueillis. La pluie de l'arrière-saison était tombée. Les Juifs étaient dans l'attente de trois mois secs, chauds et marqués par un dur labeur où ils récolteraient la moisson.

Lorsque nous comprenons ce contexte, nous pouvons saisir la raison pour laquelle Dieu a choisi la Pentecôte pour revêtir l'église de sa puissance. C'était le temps de la moisson et ils avaient besoin de l'aide de l'Esprit pour l'engranger.

Actes 2:1–41 raconte l'histoire de la Pentecôte. Jésus avait demandé à ses disciples de rester à Jérusalem jusqu'à ce qu'ils aient reçu la puissance promise. Ils obéirent et Jésus tint parole.

A la Pentecôte:

- ◆ La chambre était le baptistère
- ◆ Les disciples réunis étaient les candidats au baptême
- ◆ Jésus était le baptiseur
- ◆ Le Saint-Esprit était l'élément dans lequel ils allaient être baptisés
- ◆ «Et ils furent tous remplis du Saint-Esprit» fut le résultat!

Le feu

Les langues de feu qui apparurent à la Pentecôte étaient un rappel surprenant de la première dédicace du Temple dans 2 Chroniques 7:1–3. Le feu de Dieu était tombé à cette occasion là pour montrer que Dieu était venu vivre dans une demeure terrestre. C'est ce qui s'est passé de nouveau à la Pentecôte.

Le jour de la Pentecôte, l'Esprit est venu comme un saint feu et l'église, le nouveau temple de Dieu, a été purifiée, consacrée, entourée de gloire et remplie de la puissance et de la présence de Dieu.

Dieu avait conduit le peuple d'Israël à travers le désert sous la forme d'une colonne de feu. Jésus avait promis que le

Paraclet conduirait les disciples. Ainsi l'Esprit vint comme un feu pour conduire l'église.

Dieu avait révélé sa présence et son caractère par le feu qui avait embrasé un buisson mais sans le consumer. Il avait ensuite confié à Moïse la mission à laquelle il devrait occuper le reste de sa vie.

Ainsi l'Esprit est venu comme un feu à la Pentecôte pour révéler la présence et le caractère de Dieu et pour envoyer l'église avec une tâche dont l'accomplissement l'occuperait jusqu'à la fin du monde.

Le saint feu a purifié les lèvres d'Esaïe et lui a donné les paroles qu'il devait dire au peuple. De même l'église a reçu le don de parler sous l'inspiration de l'Esprit pour rendre témoignage de Jésus, tout comme Jésus l'avait promis. Le Paraclet avait été appelé auprès des disciples pour les aider à témoigner.

Le vent
Le son du vent puissant lors de la Pentecôte révélait que Dieu soufflait de nouveau.

Le vent violent de Dieu avait été à l'œuvre au moment de la création. Il avait asséché les eaux du déluge pour introduire une ère nouvelle. Il avait divisé la Mer Rouge pour permettre aux Juifs d'entrer dans le nouveau pays de la promesse. Il avait créé une puissante armée à partir de la vallée des ossements desséchés.

L'ouragan de l'Esprit de Dieu soufflait maintenant sur l'église. Il est venu à ses côtés pour lui insuffler l'énergie et la puissance, pour amener un nouvel ordre et transformer de nouvelles recrues sans formation en une armée.

Le résultat
Actes 2:4 montre que le premier résultat fut que les disciples «furent tous remplis du Saint-Esprit et se mirent à parler en d'autres langues, selon que l'Esprit leur donnait de s'exprimer.»

L'Esprit dans le Nouveau Testament

Pierre s'est ensuite tenu devant la foule des Juifs et leur a expliqué que ce qui s'était passé était ce qui avait été promis par le prophète Joël. Dieu avait répandu son Esprit sur eux.

Mais la Pentecôte était aussi le jour des premiers fruits ou prémices. Il s'agissait du premier versement, pas de la somme totale. La moisson de l'Esprit de Dieu avait commencé, mais elle était loin d'être finie.

Pierre n'a pas proclamé que la prophétie de Joël était complètement accomplie. Il a simplement expliqué que c'était de cela que Joël avait parlé. Joël 2:28–32 entrait dans son accomplissement uniquement dans l'expérience des personnes effectivement présentes à la Pentecôte. Toutefois, l'accomplissement de cette prophétie dans l'expérience de toute l'humanité était devenue possible. La venue du Saint-Esprit, ce jour-là, n'était que les premiers fruits. On devait s'attendre à beaucoup plus dans l'avenir.

Jésus proclamé

Après avoir fini de citer Joël, Pierre se lance dans le premier sermon de la Pentecôte. «Hommes d'Israël, écoutez ces paroles, Jésus de Nazareth…» Avec l'aide du Saint-Esprit, Pierre a prêché Jésus-Christ. Trois mille personnes répondent, c'était cela la différence faite par le Saint-Esprit.

A la Pentecôte, le Christ ressuscité a fait ce que Jean-Baptiste avait promis qu'il ferait. Il a baptisé dans le Saint-Esprit et le feu. L'effusion de l'Esprit montrait que Jésus était monté au ciel et avait pris sa place à la droite du Père. Elle prouvait que Jésus était vivant!

La Pentecôte était l'incarnation de l'Esprit dans l'église. Par la venue de l'Esprit, l'église pouvait devenir tout ce que Christ voulait que son Corps soit sur la terre.

L'ère de l'Esprit

Depuis la Pentecôte, nous avons vécu dans «l'ère de l'Esprit». Cette nouvelle époque est assez différente de la période qui a précédé la Pentecôte dont nous avons la description dans l'Ancien Testament. Une des différences principales, c'est la disponibilité totale du Saint-Esprit pour tous ceux qui servent Dieu.

Jusqu'à la Pentecôte, le Saint-Esprit n'était donné qu'à quelques croyants particuliers, principalement les prophètes, les juges et certains rois. Nombres 11:16–30 décrit comment Moïse avait besoin d'aide mais son fardeau n'a pu être partagé qu'avec les soixante-dix anciens sur lesquels l'Esprit est venu.

Au verset 29, Moïse s'est exclamé: «Puisse tout le peuple de l'Eternel être composé de prophètes; et veuille l'Eternel mettre son Esprit sur eux!» Joël 2:28–29 s'attendait au jour où Dieu ferait exactement cela. Dieu a tenu sa promesse à la Pentecôte quand il a déversé son Esprit *sans restriction* sur l'église.

A la Pentecôte, il n'y avait pas de limites au don de l'Esprit venant de Dieu ni de restrictions imposées à la réception de l'Esprit par les hommes et les femmes qui étaient présents.

Depuis ce jour, durant toute cette ère du Saint-Esprit, chaque chrétien a eu la possibilité de recevoir le Saint-Esprit. Tous les aspects du caractère et de la puissance de l'Esprit tels que nous les avons découverts dans l'Ancien et le Nouveau Testament ont toujours été disponibles pour chaque croyant.

Un témoignage ininterrompu

L'ère de l'Esprit est caractérisée par le témoignage rendu de Jésus par l'Esprit. Depuis la Pentecôte, l'Esprit a continuellement témoigné de Jésus, donné gloire à Jésus et attiré l'attention du monde sur Jésus le Fils unique de Dieu.

L'Esprit témoin agit en tant qu'avocat général de l'humanité, obligeant les gens à admettre qu'ils ont tort, qu'ils sont coupables et ont besoin de pardon. Il travaille dans les cœurs, mettant en évidence l'énormité consistant à rejeter Jésus ou à ne pas le prendre suffisamment au sérieux.

La méthode de l'Esprit pour convaincre et faire reconnaître les gens coupables passe par la prédication chrétienne, l'évangélisation, le témoignage, des actes d'amour, des œuvres bonnes, l'activité missionnaire, l'implantation d'églises, la prière, l'intercession, etc… Comme les chrétiens dépendent de lui dans leur témoignage, l'Esprit communique de manière personnelle les vérités annoncées par les chrétiens dans le cœur de ceux qui écoutent.

Un style de vie de sainteté

Nous avons vu que l'eau est une image biblique importante au sujet de l'Esprit. L'eau cherche toujours à atteindre le point le plus bas. De même, le Saint-Esprit cherche toujours à s'effacer lui-même. Dans tout le Nouveau Testament, au lieu d'attirer l'attention sur lui, il dirige toujours le regard des gens sur le Fils et sur le Père. Cette totale humilité caractérise ceux qui sont véritablement contrôlés par le Saint-Esprit.

Dans Galates 5:16–26, Paul met en contraste les «œuvres de la chair» avec «le fruit de l'Esprit.» Il montre que le style de vie de ceux qui sont conduits par l'Esprit dans cette ère est «la joie, la paix, la patience, la bonté, la bienveillance, la foi, la douceur, la maîtrise de soi.»

Paul montre clairement que «les rivalités, les querelles, les jalousies, les animosités, les disputes, les ambitions personnelles et l'envie» sont fondamentalement opposées au Saint-Esprit.

Dans Jean 14:26, Jésus promet que l'Esprit serait envoyé: «en mon nom», dit-il. L'Esprit est le porte-parole de Jésus et son représentant personnel. Il reste avec les disciples et attire les gens dans un partenariat qui implique la foi, l'espérance, l'amour, l'obéissance, l'adoration et l'engagement envers Christ.

La vérité de base

Dans Jean 14:26, Jésus a expliqué que le *parakletos* «vous enseignera toutes choses, et vous rappellera tout ce que je vous ai dit.» Dans Jean 16:13, il a aussi dit que l'Esprit de vérité conduirait ceux qui le suivraient dans toute la vérité.

Depuis le jour de la Pentecôte, l'Esprit a agi comme l'enseignant de l'église, nous conduisant avec douceur vers la vérité. En fait, l'ensemble de toutes les Ecritures nous a été «soufflé» par l'Esprit.

La manière d'enseigner de l'Esprit est de nous faire rappeler et comprendre ce que Jésus a dit. Les «tout» de Jésus dans Jean 14:26 et 16:13 ne signifient pas que l'Esprit nous enseignera tout ce qu'il est possible d'apprendre sur tout et n'importe quoi. Ils signifient en fait qu'il nous enseignera «tout ce que nous avons besoin de savoir au sujet de Jésus.»

De même, l'expression «les choses à venir», dont il est parlé ici désigne ce qui est à venir pour Jésus: la croix, la résurrection, son règne, son retour et la restauration de toutes choses, et non pas ce qui est à venir pour nous. Nous devons nous rappeler que l'Esprit dirige toujours nos regards sur Jésus.

Les dons spirituels
Lorsque Moïse désirait ardemment que tout le peuple de Dieu prophétise, il soupirait après l'Esprit pour qu'il rende le peuple de Dieu capable de fonctionner à un niveau supérieur, un niveau surnaturel.

C'est précisément cela que le Saint-Esprit a fait depuis la Pentecôte. Il a donné des «dons» au peuple de Dieu qui l'a aidé à accomplir la tâche d'établir le royaume de Dieu.

Le Nouveau Testament décrit ces dons de diverses manières. Mais Romains 12:3-13, 1 Corinthiens 12:1-11 et Ephésiens 4:1-13 sont des passages qui nous montrent que les «dons spirituels» sont donnés pour aider tout le peuple de Dieu à témoigner, adorer et travailler pour le royaume de Dieu. Ces dons ne sont pas réservés à quelques-uns seulement. Ils sont des outils destinés à aider tous les croyants à réussir leur travail! Nous considérerons ce qui concerne ces dons dans un prochain chapitre.

Un changement constant
Nous ne devons jamais oublier que l'Esprit n'est pas seulement une eau qui cherche le point le plus bas mais qu'il est aussi le vent, le souffle émanant de Dieu. Il est ce saint ouragan que

nous ne pouvons jamais prédire ni contrôler. Nous pouvons savoir qu'il est la puissance de Dieu en action, mais nous devons reconnaître que cela signifie qu'il introduira souvent de nouveaux et surprenants développements.

Le livre des Actes énumère certains des changements majeurs qui ont été amenés par l'Esprit dans la première église: les événements étonnants de la Pentecôte, le combat de Pierre pour entrer dans la maison de Corneille, les voyages pionniers de Paul.

Les lettres de Paul montrent comment l'Esprit de vérité a changé la conception des croyants sur les païens, la circoncision, la foi et la grâce. Et ainsi, au cours des siècles et jusqu'à nos jours, l'église a combattu pour marcher du même pas que le Saint-Esprit, alors qu'il nous presse continuellement d'accepter de nouvelles manières de montrer l'amour de Dieu et d'accepter de nouvelles structures qui soient plus pertinentes dans notre culture.

La présence de Christ
Jean 14:21–23 est le texte indispensable à notre compréhension de l'enseignement du Nouveau Testament sur l'Esprit. Son travail est de faire de la présence de Jésus et de la communion avec Jésus et avec son Père une expérience réelle pour tous ceux qui montrent qu'ils aiment Jésus par le fait qu'ils obéissent à ses paroles.

L'Esprit nous révèle Jésus. Il nous attire dans la présence de Jésus et nous aide à vivre en communion avec lui. Le Nouveau Testament ne laisse aucun doute quant au fait que le ministère fondamental du Saint-Esprit est de glorifier Jésus ou de diriger les projecteurs sur lui de cette manière.

Il a été envoyé pour se tenir à nos côtés et dire: «regarde à Jésus, écoute-le, reçois son amour, jouis de sa vie, apprends à le connaître mieux et viens goûter à sa paix et sa joie.» Son rôle est simplement de nous réunir avec Christ – et de s'assurer que nous restions ensemble, pour toute l'éternité.

Chapitre Trois

L'Esprit et Jésus

En présentant le Saint-Esprit comme l'*allos parakletos* dans Jean 14:15–18, Jésus montre clairement que l'Aide, le Consolateur, celui qui encourage, l'Avocat, serait un «autre, semblable à» lui-même. Parce que l'Esprit est un *allos* Jésus, nous pouvons voir le caractère de l'Esprit quand nous regardons à Jésus. Si nous voulons vraiment savoir à quoi ressemble l'Esprit, il nous suffit de regarder les récits bibliques qui nous parlent de Jésus.

Mais si Jésus était et est pleinement Dieu, il était et est aussi l'Homme idéal. Cela signifie que lorsque nous regardons à Jésus, nous voyons aussi à qui nous sommes censés ressembler. Chaque parole de Christ et chacune de ses actions nous montrent comment des hommes et des femmes ordinaires devraient vivre.

En tant que personne idéale, Jésus dépendait entièrement du Saint-Esprit. Jésus était rempli de l'Esprit et vivait en communion ou en partenariat, avec l'Esprit. Dans sa vie et son ministère terrestre, Jésus s'appuyait entièrement sur l'initiative, la direction et la puissance du Saint-Esprit.

Cela signifie que dans le portrait que nous donnent les Evangiles du ministère et de la vie de Jésus, nous avons non seulement une image parfaite de la nature de l'Esprit et de son caractère, mais nous avons aussi l'exemple parfait du partenariat que nous sommes censés avoir avec l'Esprit.

L'oint
Dans le monde entier, Jésus est appelé «*Le Christ.*» Ce mot est dérivé du mot grec *Christos* qui signifie «oint.» *Christos* a exactement la même signification que le mot hébreu *Messiah*. Dire que Jésus est «le Messie», c'est dire que Jésus

Connaître le Saint-Esprit

est «*le Christ*», c'est la même chose. Ces deux titres identifient Jésus à «celui qui est oint.»

Jésus a déclaré avoir été oint dans Luc 4:18–21; Pierre a reconnu Jésus comme le Christ, l'Oint dans Marc 8:29 et Actes 10:38. Il est clair à partir de ces versets que l'onction est le Saint-Esprit et que le but de l'onction est le service.

Nous avons vu que dans l'Ancien Testament, les prophètes, les sacrificateurs et les rois et les objets saints étaient oints d'huile dans un acte de consécration à Dieu et dédicacés pour son service.

Dans le Nouveau Testament, l'onction symbolique faite avec de l'huile inanimée a été transformée dans la réalité spirituelle d'une onction faite avec une personne, le Saint-Esprit.

Cette onction consacre toujours les personnes à Dieu et les consacrent à son service mais cela va aussi beaucoup plus loin. L'onction du Saint-Esprit équipe les croyants avec la puissance dont ils ont besoin pour accomplir la tâche et le service que Dieu leur a confiés.

Quand Jésus a été oint

Jésus n'est pas devenu *Le Christ* quand il a été oint du Saint-Esprit à son baptême car il avait été le Christ, à la droite du Père dans les lieux célestes, dès avant la fondation du monde. Mais l'onction du Saint-Esprit reçue par Jésus au Jourdain faisait plutôt une proclamation publique de qui il était. De la même manière, les paroles du Père à son baptême le révélaient comme le Fils, mais ne faisaient pas de lui le Fils.

Toutefois, le fait que Jésus soit oint du Saint-Esprit l'a consacré et équipé pour qu'il serve en tant que *Christ*. Nous avons déjà vu que la vie terrestre de Jésus avait été vécue dans l'Esprit depuis avant sa naissance. Matthieu 1:18–21 et Luc 1:31–35 nous montrent qu'il avait été conçu du Saint- Esprit pour être saint.

Même si Jésus était né de l'Esprit, comme nous le voyons dans Matthieu 1:20, ce ne fut qu'après son onction avec l'Esprit qu'il commença son ministère public. Jésus choisit de

L'Esprit et Jésus

ne pas utiliser sa nature divine dans l'exercice de son ministère parce qu'il nous donnait le modèle à suivre dans le ministère. Il dépendait donc autant que nous de la prière, la Parole, l'onction et les dons de l'Esprit, à ceci près qu'il faisait toutes ces choses en tant que maître parfait et comme quelqu'un qui avait reçu l'Esprit «sans mesure».

Le baptême de Jésus était son envoi et son équipement pour le service. C'était son moment de consécration visible et publique à l'œuvre de Dieu. Laissant tout derrière lui, Jésus entra dans le fleuve, se mit à la disposition du Père de manière inconditionnelle et fut baptisé, dépendant de Dieu pour qu'il lui montre la prochaine étape dans sa vie.

Jean 1:32–34 témoigne du fait que lorsque Jésus est sorti du Jourdain, l'Esprit est descendu comme une colombe et est resté sur lui. Matthieu 3:13–17, Marc 1:9–11 et Luc 3:21–22 décrivent aussi comment Jésus a été oint du Saint-Esprit. A ce moment-là, Jésus est devenu le porteur de l'Esprit afin qu'il puisse devenir le baptiseur dans l'Esprit. Cette fonction devait être remplie après que Jésus fut monté au ciel et avait reçu le Saint-Esprit, cette fois-ci non pour lui-même, mais pour tous les croyants, comme le Père l'avait promis (Actes 2:33).

Les effets de l'onction reçue par Jésus

Jean 3:34 montre que l'onction de Jésus avait une portée illimitée. Du fait de cette onction, il était devenu connu sous le nom de *Jésus Christ* qui signifie *Jésus le Oint*. A partir du moment où il a reçu l'onction les gens ont été étonnés par Jésus: il n'était pas «comme les autres hommes.»

Matthieu 4:1 et Marc 1:12 montrent, comme première conséquence de l'onction que Jésus a reçue, qu'il a été poussé dans le désert pour combattre avec le diable. Son onction signifiait qu'il devrait faire face aux tentations.

Luc 4:1 dépeint Jésus comme «rempli du Saint-Esprit» quand il entre dans le désert. Après son combat avec Satan, Luc décrit Jésus dans 4:14 comme retournant en Galilée «rempli de la puissance du Saint-Esprit.» Juste après ce récit,

Luc rapporte le «sermon» de Jésus à Nazareth. Luc 4:16–27 montre que Jésus a lu Esaïe 61 et se l'est appliqué à lui-même. Il a proclamé que l'Esprit était sur lui parce qu'il avait été oint. Maintenant il avait l'onction, l'aide vitale du Saint-Esprit, pour prêcher, guérir et apporter la libération.

Actes 10:38 montre que par l'onction reçue, «Dieu était avec» Jésus. Dans l'Esprit, il pouvait maintenant faire, en tant que simple homme, ce qu'il n'avait pas été capable de faire auparavant. Il pouvait guérir «tous ceux qui étaient sous l'oppression du diable.» Comment cela était-il possible? Simplement parce que Dieu le Saint-Esprit était avec lui d'une manière nouvelle. Ils étaient en communion, en partenariat. Le *parakletos* avait été appelé auprès de Jésus pour l'aider, le diriger et le revêtir de puissance dans son humanité.

Le ministère modèle de Jésus

Si Jésus avait besoin de l'onction de l'Esprit pour son ministère sur la terre, combien plus en avons-nous besoin pour atteindre les gens avec la bonne nouvelle de l'amour de Dieu.

Merci à Dieu, Actes 1:8 et Romains 8:11 nous disent que l'onction du Saint-Esprit qui nous est réservée est exactement la même que celle qui était sur Jésus. Jésus a été oint pour faire les choses énumérées dans Esaïe 61:1–2 et Luc 4:18–19. C'est exactement le même travail qu'il est encore nécessaire de faire aujourd'hui, et la même onction est à la disposition de tous les croyants.

Nous savons qu'en tant qu'Homme idéal, Jésus est notre exemple en toutes choses. Nous sommes appelés à obéir au Père comme Jésus a obéi au Père, à dépendre de l'Esprit comme Jésus a dépendu de l'Esprit, à aimer et servir les gens autour de nous comme Jésus l'a fait, etc...

Mais plus que cela, nous sommes censés partager le ministère de Jésus. Le ministère de Christ est le modèle de tout ministère. Si nous voulons exercer le ministère dans la puissance de l'Esprit, nous devrions regarder à Jésus. Il est le grand ministère serviteur qui a parfaitement exercé le

L'Esprit et Jésus

ministère dans la plénitude de puissance et la démonstration de l'Esprit.

Le ministère de Jésus semble avoir eu quatre grands axes qui sont soulignés par chacun des quatre Evangiles.

Il est venu briser la puissance du diable et la mort
Dans son ministère, dans la puissance de l'Esprit, Jésus:

- ◆ A établi le royaume des cieux
- ◆ A désarmé les puissances de ténèbres A prêché l'Evangile de la repentance
- ◆ Enseigné ceux qui le suivaient en ce qui concerne le jugement
- ◆ Leur a donné des lignes de conduites claires.

En bref, Jésus était un roi puissant qui se préoccupait de fonder un royaume. Il a régné sur la nature et conquis les démons. Il a guéri les lépreux et ressuscité les morts. Les démons le craignaient. Les orages lui obéissaient. Mais le peuple de Dieu, Israël, n'a pas voulu recevoir son roi.

Si Jésus est notre modèle dans le ministère, cela signifie que son autorité royale devrait être vue en nous. Nous confronterons les puissances du mal. Nous ferons face à la maladie. Nous prêcherons un message de repentance, de jugement et d'obéissance. Nous rappellerons aux gens les commandements de Jésus. Mais nous ne pouvons partager son efficacité royale que lorsque nous partageons l'onction de son Esprit.

Il est venu chercher et sauver ce qui était perdu
Par son ministère, Jésus s'est montré comme le serviteur souffrant d'Esaïe 53 qui vient pour servir et s'offrir lui-même en sacrifice.

- ◆ Marc 10:45 montre que Jésus est venu «non pour être servi mais pour servir», et pour donner sa vie en rançon pour beaucoup.» Dans Marc 10:21, il a appelé d'autres disciples non seulement pour qu'ils le suivent mais aussi pour qu'ils «se chargent de leur croix.» De concert avec l'Esprit, Jésus est venu pour :

- ◆ Sauver les perdus, les gens dans le besoin incapables de se sauver eux-mêmes
- ◆ Faire l'expiation pour les péchés de toute l'humanité
- ◆ Agir comme un substitut pour tout homme, femme et enfant
- ◆ Subir la colère de Dieu contre le péché.

Tout le ministère terrestre de Jésus a été coloré par la croix. Il est impossible de séparer le ministère d'enseignement et de guérison de Jésus des souffrances et du rejet qu'il a endurés.

Tout cela signifie que lorsque nous modèlerons notre vie et notre ministère sur Christ, nous embrasserons volontairement le service, le sacrifice et les souffrances. Des passages comme Philippiens 2:5–8 prennent vie quand nous réalisons que nous suivons les traces du serviteur souffrant du Seigneur.

Nous ne devons pas oublier que l'onction est l'humble et doux Saint-Esprit qui s'efface lui-même. Nous ne devrions pas chercher la puissance à moins d'être prêts à embrasser le service humble et la souffrance qui sont à l'image de Christ.

Il est venu montrer une vie de consécration parfaite au Père
Jésus n'était pas seulement un roi et un serviteur, il était aussi l'Homme idéal, l'exemple parfait d'humanité, la vie toute tracée pour toute l'humanité.

Dans son ministère en tant qu'homme rempli de l'Esprit, Jésus :

- ◆ A été tenté de toutes les manières possibles
- ◆ A été sujet aux conflits ordinaires et aux émotions, en restant néanmoins sans péché
- ◆ A été l'ami sympathique des pécheurs et un homme dont on pouvait suivre l'exemple

L'Esprit et Jésus

- ◆ S'est mis du côté des gens les plus bas dans l'échelle sociale

- ◆ A constamment averti ses disciples du danger des richesses en exigeant de leur part la générosité

- ◆ A insisté sur le besoin de pardon, pressant les gens de pardonner les autres, mettant cela lui-même en pratique sur la croix.

Ceci nous montre à quel point notre vie quotidienne a vraiment de l'importance. Nous ne pouvons pas séparer le ministère des principes moraux. La pureté et la puissance de Jésus étaient autant l'une que l'autre une manifestation de son onction. Si nous faisons de Christ notre modèle, nous vivrons dans sa sainteté, autant que nous guérirons avec son autorité et servirons avec sa compassion.

Il est venu montrer à quoi Dieu ressemblait

Jésus est aussi venu en tant que Parole vivante de Dieu, comme une révélation unique et complète du Dieu invisible, Père, Fils et Esprit, pour reproduire dans des hommes et des femmes ordinaires la nature et le caractère divins.

Le ministère de Jésus, rempli, revêtu de l'Esprit et dirigé par l'Esprit:

- ◆ Nous ordonne d'obéir au roi

- ◆ Nous invite à permettre au serviteur de nous servir

- ◆ Nous demande de suivre l'homme parfait

- ◆ Nous éblouit de vie, de lumière, d'amour, de vérité et de gloire, afin que nous aimions et que nous croyons dans le Fils de Dieu, glorieux, porteur de lumière et de vie.

Jésus a révélé la présence de Dieu partout où il est allé et dans tout ce qu'il a dit et fait. Jésus a souligné qu'il était un avec le Père et expliqué que ses paroles et ses œuvres étaient les paroles mêmes et les œuvres mêmes du Père. Quand les

Connaître le Saint-Esprit

gens regardaient et écoutaient Jésus ils voyaient Dieu. Quand nous regardons à Jésus, nous aussi nous pouvons voir Dieu. Par Christ, nous savons à quoi ressemble le Père, nous savons à quoi ressemble l'Esprit, et ce à quoi nous pouvons et devrions ressembler.

D'une manière similaire notre vie et notre ministère, remplis et dirigés par l'Esprit, revêtus de lui devraient aussi attirer l'attention des gens sur le Père. L'Esprit est Dieu et quand nous sommes remplis de l'Esprit, lorsque nous sommes en lui et qu'il est en nous, nous sommes rayonnants de la présence de Dieu.

Le faiseur de disciples

Jésus a passé environ trois ans de sa vie dans l'exercice de son ministère terrestre. Il a utilisé ce temps pour former les disciples dans le ministère, afin qu'ils puissent continuer son œuvre après son ascension et la venue du *parakletos* qui devait prendre sa place.

Il y avait un cercle intime de douze apôtres qui voyageaient avec Jésus et étaient profondément impliqués avec lui dans le ministère. Matthieu 10, Marc 6:7–13 et Luc 9:1–6 décrivent comment les douze étaient envoyés deux par deux pour vivre et exercer le ministère comme Jésus. Dans ces passages, il leur donne des instructions sur la manière dont ils doivent exercer le ministère et se conduire.

Luc 10:1–23 rapporte que 72 autres disciples furent envoyés pour vivre et exercer le ministère deux par deux. Jésus les instruit à vivre dans la simplicité, à prêcher et guérir les malades.

Finalement, juste avant son ascension, Matthieu 28:19–20 rapporte comment Jésus a demandé à tous ses disciples de faire, d'amener à la maturité et de mobiliser plus de disciples. Cette mission ne fut pas confiée seulement à la génération de cette époque mais à toutes les générations, à nous aussi. Nous ne pouvons l'accomplir que si nous partageons l'onction de Christ. Nous devons vivre comme l'Oint a vécu, dans la présence de l'Esprit, dépendant de lui pour recevoir la force et

L'Esprit et Jésus

la direction nécessaires. Par-dessus tout, nous devons voir la méthode utilisée par Jésus dans son ministère comme notre modèle pour faire l'œuvre du royaume de Dieu.

Le ministère terrestre de Jésus
Après avoir reçu l'onction, Jésus a passé trois années à prêcher, enseigner et guérir. Nous avons vu que Jésus nous offre exactement la même onction que la sienne, qu'il nous appelle à continuer la même œuvre que la sienne et que son ministère équilibré est le modèle parfait pour nous aujourd'hui. Toutefois nous devons aussi saisir et appliquer quatre principes qui étaient sous-jacents au ministère terrestre de Jésus.

Jésus accompagnait l'exercice de son ministère de la prière Jésus était un homme de prière. Il se levait tôt le matin pour prier et restait éveillé tard dans la nuit pour prier. Nous pouvons le voir dans la prière dans toutes les étapes de son ministère. Il a prié:

- ◆ Lors de son baptême – Luc 3:21
- ◆ Quand il avait passé beaucoup de temps de ministère – Marc 1:35, 6:46, Luc 5:16
- ◆ Pendant toute une nuit avant de sélectionner les douze disciples – Luc 6:12
- ◆ Seul dans la présence de ses disciples – Luc 9:18 Lors de sa transfiguration – Luc 9:28–29
- ◆ Après le dernier souper – Jean 17
- ◆ A Gethsémané, Marc 14:32, Luc 22:41, Matthieu 26:39
- ◆ Lors de sa crucifixion – Luc 23:34 Après sa résurrection – Luc 24:30.

La prière était le secret du ministère dynamique de Jésus. Si nous voulons le suivre, la prière d'intercession dominera aussi notre ministère. Ce sujet est beaucoup développé dans *l'Epée de l'Esprit*, livre un: «*la Prière efficace*».

Il a exercé le ministère dans l'obéissance

Jean 5:19,30; 6:38; 7:28–29; 8:26, 28–29; 10:18 et 12:49–50 sont une série de paroles extraordinaires. Très souvent, Jésus a déclaré qu'il ne pouvait rien faire de lui-même. Par un effort massif de renoncement à soi, Jésus s'était limité lui-même à ne dire et ne faire que ce que le Père lui disait par l'Esprit et à n'aller que là où il lui ordonnait d'aller. Actes 2:22 montre clairement que Dieu opérait des miracles par Jésus. Ceci signifie que les miracles n'avaient pas lieu parce que Jésus était divin, mais parce qu'il était rempli de l'Esprit et vivait dans l'obéissance au Père, par l'Esprit.

Nous savons que nous sommes sensés obéir à Dieu et que le diable nous pousse à faire l'inverse:

- ◆ À désobéir au commandement de Dieu
- ◆ À avoir la présomption de faire quelque chose qu'il ne nous a pas demandé.

Ces deux actions sont un péché. Jésus n'a jamais désobéi à Dieu et n'a jamais agi ou parlé sans avoir d'abord été incité à le faire par l'Esprit.

Dans les tentations, Jésus a été pressé d'agir indépendamment de l'impulsion de l'Esprit et de faire un miracle sans avoir reçu aucune instruction de le faire. Le diable l'a tenté de passer d'un désir naturel de nourriture, de pouvoir et de prestige à la présomption pécheresse de satisfaire ces désirs sans avoir reçu l'incitation de l'Esprit pour le faire.

Jésus n'a pas été tenté de faire des œuvres mauvaises, mais de faire ses propres œuvres, d'agir sans l'impulsion de l'Esprit. Toutefois, l'Homme idéal n'a jamais rien fait de sa propre initiative; il n'a fait que le nombre restreint de choses que le Père lui a demandées par l'Esprit.

Jésus exerçait le ministère dans la compassion

Jésus n'exerçait pas le ministère pour attirer l'attention sur lui-même mais parce qu'il aimait les gens qui étaient dans le besoin et prenait soin de ces besoins. La compassion poussait

Jésus à donner à ces gens son temps, son amour, son énergie, sa vie, son tout.

Marc 1:41 fait le récit de la compassion de Jésus pour un lépreux. Marc 6:34 révèle sa compassion pour une grande foule de gens dans le besoin et Marc 10:21 décrit les sentiments de compassion de Jésus envers le riche aristocrate qui n'a pas voulu devenir un disciple.

Jésus exerçait le ministère avec l'aide de l'Esprit

Nous avons vu que le fait que Jésus ait été oint de l'Esprit faisait toute la différence. Des passages tels que Jean 5:19 et Jean 14:10 nous montrent que Jésus se limitait à faire et à dire ce que le Père lui demandait.

Le ministère de Jésus était basé entièrement sur sa relation avec le Père et avec l'Esprit. Il ne faisait que ce que le Père faisait, et l'Esprit l'aidait à mettre cela en œuvre.

Toutefois, Jésus n'exerçait pas le ministère uniquement avec l'onction du Saint-Esprit et selon la volonté du Père, il exerçait aussi le ministère avec les dons que l'Esprit lui donnait, précisément les mêmes que l'Esprit nous donne aujourd'hui. Jésus avait un talent extraordinaire pour exercer le ministère en harmonie avec les dons de l'Esprit. En fait nous voyons tous les dons du Nouveau Testament opérer dans son ministère à l'exception du don des langues et d'interprétation.

Par exemple nous pouvons voir Jésus utiliser:

- ◆ Le don de foi – Marc 11:20–25 et Jean 11:41–42
- ◆ Le don des miracles – Marc 6:30–52 et Jean 2:1–11
- ◆ Le don de guérison – Matthieu 4:23–25 et Marc 5:21–43
- ◆ La parole de sagesse – Matthieu 22:15–22 & Luc 13:10–17
- ◆ Le discernement des esprits – Matthieu 16:17–23 Le don de prophétie – Jean 2:19
- ◆ La parole de connaissance – Jean 1:47–50 et Jean 4:16–20.

Connaître le Saint-Esprit

Il est important de bien saisir qu'en vérité Jésus ne suivait pas un scénario et ne dépendait pas d'une formule quand il exerçait le ministère mais qu'il dépendait de l'aide et de l'instigation de l'Esprit.

Lorsque nous lisons les Evangiles, nous voyons que Jésus exerçait le ministère pratiquement à chaque fois de manière différente. Parfois il touchait les gens, parfois non. Parfois il ordonnait la guérison à voix haute, parfois il ne le faisait pas. Parfois il faisait faire quelque chose à la personne, parfois non.

Jésus n'est jamais venu en aide à quelqu'un en se laissant guider par son expérience. Au lieu de cela, il exerçait toujours le ministère en obéissant au Père et en dépendant de l'Esprit, et cela signifiait en général quelque chose de différent pour chaque personne qu'il aidait.

Le ministère de Jésus aujourd'hui

Le ministère de Jésus ne s'est pas arrêté à la croix. Les Evangiles rapportent le début du ministère de Jésus et non la totalité de son ministère. Matthieu 28:18–20, Marc 16:15–18 et Luc 24:44–49 sont des références qui décrivent la mission confiée par Jésus à ses disciples de continuer son ministère sur la terre et la promesse qu'il leur fait de continuer à travailler avec eux. Les Actes nous montrent que Jésus travaillait par les premiers chrétiens, par l'église. Nous pouvons voir comment le ministère de Jésus s'est développé dans Actes 3:6; 5:12–16; 8:4–8; 9:32–43 et 16:6–10.

Toutes sortes de signes, de prodiges et de guérisons furent opérés par les apôtres, et beaucoup de gens se tournèrent vers Jésus suite à ces miracles. Les leaders de la première église étaient conduits par l'Esprit pour aller à différents endroits prêcher la Bonne Nouvelle. L'Evangile était prêché partout et confirmé par beaucoup de miracles, y compris des résurrections.

A travers les siècles, Jésus a continué à faire du bien de cette manière aux gens dans le besoin, dans le monde entier. Il est maintenant de notre responsabilité de continuer la même

L'Esprit et Jésus

œuvre que celle que nous rapporte le Nouveau Testament. Et la promesse de Jésus dans Jean 14:12 est que lorsque le Saint-Esprit viendra, nous pourrons faire des œuvres plus grandes même que les siennes (dans le sens quantitatif et non qualitatif). Lorsque les disciples sont attristés à la pensée de Jésus qui va les quitter, il leur dit dans Jean 16:7 «il vous est avantageux que je m'en aille, car si je ne m'en vais pas, le consolateur ne viendra pas vers vous; mais, si je m'en vais, je vous l'enverrai.» Cela signifie que nous n'avons pas à faire ce travail tout seuls, en nous appuyant sur nos propres forces et nos propres talents. Il y a en effet quatre choses d'une importance cruciale que Jésus fait pour nous aider à exercer le ministère.

Il prie pour nous
Nous avons vu que la prière était l'un des secrets du ministère dynamique de Jésus. Romains 8:34 et Hébreux 7:25 nous montrent que c'est toujours le cas!

Ces deux versets nous révèlent quel est le ministère actuel de Jésus dans les cieux. Où que nous soyons, quoi que ce soit que nous fassions, Jésus-Christ est à la droite du Père, priant pour nous, afin que nous nous acquittions de son ministère comme il l'entend.

Il ressource le ministère
Jésus ne nous a pas laissé les mains vides face à la force accablante de l'ennemi. Il a désarmé et défait les puissances de ténèbres et nous a donné la même onction qu'il avait lui-même pour mettre son œuvre à exécution.

Mais Ephésiens 4:11–12 nous montre que Jésus a fait même plus que cela en donnant des dons pour l'équipement des saints en vue de l'œuvre du ministère.

Ces dons spirituels correspondent à des fonctions de leadership dans l'église. Certaines congrégations locales lisent ce texte et s'attendent à ce que leur ministre remplisse tous les rôles et fasse tout le ministère à lui tout seul. Or, ces dons importants ont été donnés à l'église par Jésus afin que *chaque* membre commence à exercer le ministère dans la puissance de l'Esprit.

- ◆ Les *apôtres* (le mot signifie littéralement un *envoyé*) sont des pionniers qui sont les fers de lance pour l'avancement de l'Evangile. Ils démontrent la présence de Dieu par leurs actes, établissant de nouvelles communautés chrétiennes en créant pour les croyants des débouchés pour le ministère.

- ◆ Les *prophètes* sont des leaders qui transmettent seulement ce que Dieu pense. Ils ne teintent pas le message de Dieu avec leurs propres opinions et valeurs culturelles. Ils encouragent les croyants en leur expliquant ce que Dieu dit et fait. Ils les encouragent également en lançant un défi aux standards de conduite du monde et de l'église.

- ◆ Les *évangélistes* prêchent eux-mêmes l'Evangile et donnent aux croyants ordinaires la capacité de vivre des vies consacrées à Dieu et de bavarder la Bonne Nouvelle dans un langage que les gens qui les entourent peuvent comprendre. Les évangélistes aident les saints à toucher le monde par leur témoignage, ils ne font pas tout le travail eux-mêmes!

- ◆ Les *pasteurs* et les *enseignants* construisent sur le fondement posé par les trois types de leaders susmentionnés. Ils restent souvent à un même endroit, éventuellement pour des années, prenant soin de l'église locale, lui enseignant la Parole de Dieu et les voies de Jésus et aidant les membres de l'église à exercer le ministère et développer le royaume de Dieu dans leur localité.

Il travaille avec nous

Nous ne devrions jamais cesser de nous rappeler et de nous exhorter les uns les autres à nous souvenir de la vérité selon laquelle nous ne sommes jamais seuls. Jésus est avec nous par l'Esprit.

Il a promis d'être avec nous dans Matthieu 28:20. D'autre part Marc 16:20 montre qu'il a tenu sa promesse. C'est le principe le plus élémentaire du service chrétien. Nous sommes les jambes et la bouche de Jésus dans le monde aujourd'hui. Nous allons et nous parlons, quand il nous conduit et là où il nous conduit, par l'Esprit. Il confirme nos paroles par des signes particuliers. Nous n'avons pas besoin de nous inquiéter en ce qui concerne les miracles, nous ne pouvons pas opérer des miracles. Mais Jésus, par l'Esprit, travaille avec nous et confirme nos paroles, quand nos paroles sont ses paroles!

Il travaille par l'église

Dans Ephésiens 2:15–16, Paul montre que par la mort de Jésus, Dieu a créé un seul homme nouveau et que nous avons tous été réconciliés avec Dieu en «un seul corps.» Cela signifie que s'il est vrai que tous nous avons une relation personnelle avec Dieu, nous sommes aussi unis les uns aux autres.

Le ministère de Jésus sur la terre continue à la fois par l'intermédiaire de croyants individuels et par le corps uni, l'homme nouveau, c'est-à-dire l'église. La prière de Jésus dans Jean 17:20–26 nous montre combien l'unité dans nos relations est importante. C'est en effet cette unité qui permettra au monde de reconnaître que Jésus a été envoyé par le Père.

Le Nouveau Testament utilise toute une palette de mots imagés pour décrire l'église dans son unité. Chacune de ces images nous permet d'apercevoir sous un angle différent le prolongement du ministère de Jésus sur la terre par son église.

La description de Pierre dans 1 Pierre 2:9 exprime de manière similaire le point de vue de Paul sur l'unité des disciples. Paul utilise quatre illustrations: une future épouse, 2

Corinthiens 11:2, un saint temple, 1 Corinthiens 3:16, un corps, 1 Corinthiens 12: 27 et l'église, Ephésiens 3:10.

- ◆ Nous avons été choisis avec soin pour être *l'épouse de Jésus*. Ceci signifie que nous sommes aimés d'un amour éternel et que nous serons avec Jésus héritiers de toutes choses.

- ◆ Nous sommes un *sacerdoce royal* qui sert le roi en acceptant le sacrifice de servir le peuple de ce roi de toutes sortes de manières et en nous remplissant nous-mêmes, le saint temple ou l'habitation de Dieu, de sacrifices de prière et de reconnaissance.

- ◆ Nous formons *le corps de Christ* de manière à ce qu'il puisse continuer à vivre sa vie parfaite sur la terre par nous. Nous sommes une nation sainte et unique et avons été mis à part dans une vie commune de dédicace et de consécration.

- ◆ Nous appartenons à Dieu. Nous sommes son *église* (le mot grec *ekklesia* signifie «rassemblement»), citoyens de son ciel et enfants de son royaume. Nous sommes soumis à ses lois et dirigés par son Esprit. Nous faisons ce qu'il nous ordonne et nous établissons son royaume à sa manière.

Nous avons vu que la vie de Jésus avait suivi la trajectoire de l'Esprit du début à la fin. Il est né de l'Esprit, il a vécu dans l'Esprit et exercé son ministère dans une dépendance complète de l'Esprit. Puis il a baptisé l'église dans le même Saint-Esprit afin que nous puissions poursuivre dans sa pureté, en servant avec sa puissance et en révélant la merveilleuse présence de Dieu.

Chapitre Quatre

Recevoir l'Esprit

Nous avons vu que personne ne peut passer à côté de l'annonce de Jean Baptiste dans les quatre Evangiles disant que «Jésus vous baptisera du Saint-Esprit et de feu.» Quel que soit l'Evangile que nous lisions, c'est là en effet l'une des premières choses que nous apprenons au sujet de Jésus: Jésus est le baptiseur dans le Saint-Esprit.

L'annonce faite par Jean lors de l'onction reçue par Jésus (à son baptême) est l'un des rares événements, en dehors de la croix et de la résurrection, qui soient rapportés dans les quatre Evangiles. (Même si différents aspects de la passion sont aussi mentionnés et soulignés dans chaque Evangile, les détails de l'annonce de Jean sont, en grande partie, identiques dans les quatre Evangiles). L'annonce de Jean est la seule récapitulation du but du ministère de Jésus qui apparaisse dans les quatre Evangiles à la fois.

Et le positionnement de cette annonce au début de chaque Evangile, ainsi que sa répétition au début du livre des Actes contribuent à n'en pas douter, et de la manière la plus claire, à placer le «baptême du Saint-Esprit» au centre de notre vision du ministère de Jésus et de ses intentions envers chaque croyant.

Il semble donc raisonnable d'avancer que pour Jean Baptiste, pour les auteurs des Evangiles et pour le Saint-Esprit qui a inspiré ces auteurs, l'un des aspects les plus importants du ministère de Jésus, sinon le plus important, était son rôle de «baptiseur».

Nous avons vu que l'annonce de Jean n'était pas une remarque prophétique extatique inaccessible à l'esprit de ses contemporains. Au contraire, en utilisant l'expression «*le Saint-*

Esprit», ils les renvoyaient directement au Psaume 51:3–19 et à Esaïe 63:9–14.

Il est très important de remettre l'annonce de Jean dans son contexte. En parlant de Jésus comme du baptiseur du Saint-Esprit et de feu, Jean se place exactement dans la ligne du Psaume 51 qui est celle de la repentance.

Jean a tiré un parallèle clair entre son baptême dans l'eau et le baptême de celui qui est plus puissant que lui dans le Saint- Esprit et le feu. Le Saint-Esprit et le feu devaient être les éléments de ce baptême exactement de la même manière que les eaux du Jourdain l'étaient pour le baptême de Jean. De même que les candidats de Jean étaient immergés dans l'eau et saturés d'eau, les candidats de Jésus devraient être immergés, saturés, submergés, plongés dans le Saint-Esprit et le feu.

Les candidats de Jean voulaient une transformation qui fasse passer d'état d'homme injuste à celui d'homme juste, sur tous les plans, position, attitude et destin. Son baptême était à la fois un baptême de *metanoi a* et en vue de la *metanoia*, où le mot *metanoia* signifie un changement complet de pensée et d'attitude envers Dieu qui résulte dans un changement de conduite.

Pour les candidats de Jean, leur baptême était d'une part l'expression de leur *metanoia* ou de leur repentance, et d'autre part leur engagement à cette même repentance. Mais il ne s'agissait pas seulement d'un geste symbolique car ils s'attendaient aussi à ce que Dieu les rencontrât dans la rivière. Ils s'attendaient à ce que Dieu acceptât leur retour à lui et les aidât dans ce retour à lui. Ils espéraient qu'il leur promettrait son pardon et leur accorderait l'entrée dans son royaume.

Le parallèle de Jean entre son baptême et celui de Jésus doit signifier qu'il pensait bien que les attributs de son baptême se retrouveraient dans celui du plus puissant que lui, mais avec une dimension plus profonde, une portée plus grande et une efficacité plus durable dans la transformation.

Recevoir l'Esprit

La référence directe de Jean au Psaume 51 montrait que le baptême de Jésus de Saint-Esprit et de feu aurait trait à repentance et que l'une de ses conséquences serait un service rempli de joie qui produirait la conversion des pécheurs.

Le Psaume 51:3-19 montre que le fait d'avoir le Saint-Esprit est en relation avec:

- ◆ La repentance – versets 2–7 Connaître la vérité – verset 8 La purification – verset 9
- ◆ La pureté – verset 12
- ◆ La présence de Dieu – verset 13
- ◆ L'efficacité – la puissance dans le service de la parole, verset 15
- ◆ Des conversions – verset 15 La louange – versets 16 et 17.

Et la référence directe de Jean à Esaïe 63 montrait que le baptême de Jésus dans le Saint-Esprit et le feu impliquerait:

- ◆ La présence de Dieu – verset 9
- ◆ Le salut et la rédemption – verset 8–9, 16 La direction – versets 12–14
- ◆ De puissants signes et miracles – versets 12
- ◆ La glorification du nom du Seigneur – verset 14.

L'utilisation plus large du mot Esprit que nous avons vu dans l'Ancien Testament est très significatif. Tous les auditeurs de Jean connaissaient l'Esprit dans lequel celui qui était plus puissant que lui, les baptiserait. Il était le «souffle» sans lequel les humains meurent, «l'ouragan» qu'ils ne pouvaient contrôler ni prévoir et cette «force miraculeuse» qui produit des résultats miraculeux. Genèse 8:1, Exode 14:21, Juges 3:9–10; 6:34; 14:6, Ezéchiel 2:2–3; 3:12; 37:1 en sont l'illustration.

Les auditeurs de Jean Baptiste savaient que l'Esprit était un communicateur. Aucun prophète juif ne pouvait exprimer les paroles de Dieu sans y avoir été poussé par Dieu, Nombres

Connaître le Saint-Esprit

11:29, 1 Samuel 19:18-24, Joël 2:28, Amos 3:8, Michée 3:8, Zacharie 1:1,7.

Les auditeurs de Jean savaient que l'Esprit était réservé aux serviteurs de Dieu pour les aider dans leur appel particulier. Les prophètes étaient en effet connus sous le nom de «serviteurs» et étaient les principaux récipiendaires de l'Esprit. Ils savaient que l'Esprit était donné aux rois pour les aider à régner. Ils espéraient qu'un jour Dieu susciterait un autre David et mettrait sur lui l'onction de l'Esprit. Cette espérance plongeait ses racines dans la prophétie d'Esaïe 11:1-3, qui est probablement la description la plus claire du caractère de l'Esprit dans l'Ancien Testament.

Les auditeurs de Jean savaient qu'un nombre seulement restreint de personnes recevaient l'Esprit. Dans Nombres 11:29, la réponse de Moïse à Josué exprime son soupir après une effusion générale de l'Esprit. Cette promesse fut donnée dans Joël 2:28-32. Les Juifs de l'époque de Jean Baptiste ne vivaient pas seulement dans l'attente du Messie à venir mais aussi dans l'espérance eschatologique (concernant la fin des temps) de l'effusion de l'Esprit de Dieu. Jean annonçait justement la réalisation de ces deux promesses lorsqu'il disait: «Voici le Messie, celui qui est oint» et «Il répandra son Esprit.»

Jean associe aussi l'Esprit au feu. Comme nous l'avons vu, cette allusion au feu n'aurait pas étonné un connaisseur de l'Ancien Testament. En effet nous savons que le feu y était un élément purificateur plus efficace que l'eau, capable d'affiner, et qu'il était un symbole de l'intervention suprême de Dieu dans l'histoire. Nous avons vu également que ce feu illustrait l'intervention de Dieu par son Esprit pour purifier la vie de ses enfants et les préparer au service. Le baptême de feu dont parle Jean ici signifie que Jésus est le purificateur des croyants quand ils cèdent à l'œuvre de l'Esprit dans leur vie. Il concerne aussi le jugement qui viendra sur tous ceux qui auront rejeté l'évangile (Matthieu 3:12 et 5:22). Il désigne enfin le feu à venir qui éprouvera l'œuvre de chaque croyant lors du tribunal de Christ (1 Corinthiens 3:15 & 2 Corinthiens 5:10).

Recevoir l'Esprit

Esaïe 1:25; 6:5-10; Daniel 7:10, Zacharie 13:9 et Malachie 3:2-3 sont toutes des références qui établissent ce lien avec le feu. La promesse de l'Esprit dans Joël 2:28 est suivie par une description de l'aube du Jour du Seigneur comme «du sang, du feu et des colonnes de fumées». Mais Esaïe 4:2-6 en est le meilleur exemple où les versets 3-4 (voir la traduction Colombe) présentent un parallèle extraordinaire avec l'annonce de Jean.

Ces images de l'Ancien Testament qui sont sous-jacentes à l'annonce de Jean montrent qu'un baptême de feu est un baptême dans l'Esprit. En fait, un baptême dans l'Esprit implique nécessairement le vent, l'eau, l'huile, le souffle, les caractéristiques de la colombe et le feu. Ezéchiel 36:25-28 est un passage qui semble préfigurer une bonne partie du discours de Jean et nous aide à saisir l'essentiel de cette importante phrase-annonce.

Aujourd'hui, beaucoup de croyants pensent au baptême du Saint-Esprit seulement en relation avec ce qui s'est passé le jour de la Pentecôte. Ils ont basé leur réflexion sur la réception de l'Esprit sur la description des événements de ce jour historique. Mais la Pentecôte a été l'accomplissement de l'annonce de Jean présentant Jésus comme *celui qui vous baptisera de Saint-Esprit et de feu*. Ainsi, seule une compréhension exacte du contexte de l'Ancien Testament permettra de comprendre toutes les implications de ce baptême.

Le Nouveau Testament utilise cinq expressions différentes qui toutes décrivent une rencontre avec le Saint-Esprit. Chacune de ces expressions projette un éclairage particulier sur l'un des différents aspects de cette expérience. Or, nous avons besoin de toute la lumière apportée par ces cinq phrases si nous voulons comprendre ce que Jésus cherche à accomplir par son don gracieux.

Baptisés dans le Saint-Esprit

Les disciples avaient été avec Jésus dans son ministère du début à la fin et avaient été envoyés par Jésus pour exercer le ministère. Ils avaient prêché. Ils avaient vu Dieu opérer de

Connaître le Saint-Esprit

merveilleux miracles par leurs propres mains. Pourtant Jésus leur dit dans Actes 1:1–11 qu'ils devaient attendre la «promesse du Père».

Jésus leur promit que s'ils attendaient à Jérusalem, ils seraient bientôt baptisés du Saint-Esprit. De plus, il leur promit qu'ils recevraient une puissance lorsque l'Esprit viendrait sur eux et qu'ils seraient témoins. Leurs années passées avec Jésus ne suffisaient pas. Leur expérience du ministère n'était pas adéquate. Avant qu'ils puissent être des témoins, ils avaient besoin que Jésus les baptise dans le Saint Esprit.

Cette phrase revient sept fois dans la plupart des traductions du Nouveau Testament. Six d'entre elles, Matthieu 3:11, Marc 1:8, Luc 3:16, Jean 1: 33, Actes 1:5 et Actes 11:16, se réfèrent clairement au baptême qui, selon la promesse de Jean, serait apporté par le Messie, l'oint. Le septième verset, 1 Corinthiens 12:13 pourrait être traduit soit par «baptisés par l'Esprit» ou «baptisés dans l'Esprit». Toutefois l'expression «être abreuvé d'un seul Esprit» suggère bien la référence au même baptême «dans» l'Esprit que les six autres passages bibliques. Quelle que soit la traduction choisie, les deux versions sont à la voix passive. Cela signifie que le sujet reçoit l'action du verbe. En d'autres termes, l'acte du baptême est fait à la personne.

Le mot *baptisé* apparaît toujours sous la forme verbale et jamais comme le substantif «baptême», ce qui semble donner de l'importance à l'action. Bien que le nom baptisma apparaisse vingt deux fois dans le Nouveau Testament, il n'est jamais utilisé dans le sens du «baptême dans le Saint-Esprit» – la pensée que recouvre cette expression est rendue par la phrase «baptisé dans le Saint-Esprit». Cette description vise une expérience d'initiation qui ne peut être répétée. Le baptême, comme la naissance, le mariage et la mort, devrait être un événement qui n'arrive qu'une seule fois. Mais dans ce baptême, l'expérience est unique parce qu'initiatrice. Elle n'est pas une fin en soi mais plutôt une porte ouverte sur un nouveau style de vie. Le baptême est essentiellement le début de quelque chose d'entièrement nouveau.

Recevoir l'Esprit

Cela signifie que lorsque Jésus a baptisé les disciples dans l'Esprit à la Pentecôte, il s'agissait de l'événement exceptionnel de l'introduction à la nouvelle ère du Saint-Esprit, un événement qui par définition ne pouvait pas se reproduire. L'utilisation du mot «baptisés» montre que rien ne sera plus jamais pareil.

Mais nous avons vu que la Pentecôte était aussi le jour des prémices. Cet événement inaugurait une moisson beaucoup plus grande que ces premiers fruits. Depuis ce jour, chaque chrétien peut entrer dans les bénéfices de la Pentecôte. Par la foi, nous pouvons les rejoindre dans le baptistère de l'Esprit pour recevoir ce baptême des mains de Jésus.

La question du rapport entre baptême d'eau et baptême du Saint-Esprit est souvent posée. Dit simplement, le baptême d'eau est une préparation au baptême de l'Esprit. En effet dans le baptême d'eau, le pécheur repentant qui a déjà placé sa foi en Jésus s'identifie avec Christ comme Seigneur et Sauveur; dans le baptême de l'Esprit, Dieu reconnaît et scelle celui qui a été baptisé dans l'eau, lui signifiant ainsi son approbation et le fait qu'il accepte. Il y a néanmoins dans l'Ecriture, des exemples d'individus qui ont été baptisés dans le Saint-Esprit avant leur baptême d'eau, comme ce fut le cas avec Corneille et sa maison dans Actes 10. Mais en règle générale, le baptême d'eau précède le baptême de l'Esprit.

Remplis du Saint-Esprit
Nous avons vu que l'on trouve un avant-goût de cette expression dans l'Ancien Testament, dans Exode 31:3 et 35:31 où Dieu dit qu'il a «rempli de l'Esprit» Betsaleel. Des expressions similaires sont utilisées treize fois dans le Nouveau Testament pour décrire l'une des manières dont les gens faisaient l'expérience de l'Esprit, Luc 1:15; 1:41; 1:67; 4:1; Actes 2:4; 4:8; 6:5; 7:55; 9:17; 11:24;13:9,52 et Ephésiens 5:18.

Détail digne d'intérêt, Luc, l'auteur de l'Evangile portant son nom et des Actes utilise cette phrase pour décrire ce qui se passe pour les *gens avant*, pendant et après la Pentecôte. Ceci

Connaître le Saint-Esprit

nous montre que l'expérience de l'Esprit après la Pentecôte était similaire à l'expérience des disciples le jour de la Pentecôte et à l'expérience de Jésus et d'autres avant la Pentecôte.

Ceci pourrait laisser penser que la Pentecôte n'était pas un événement spécial. Nous devons donc aussi retenir que le mot «baptisé» est utilisé seulement pour décrire ce qui s'est passé pour les disciples à la Pentecôte. Des choses nouvelles ont commencé ce jour-là, la mise à disposition de l'Esprit à toute chair et le don des langues.

Luc utilise cette expression autant pour décrire le début du processus consistant à être rempli, Luc 1:41, 1:67; Actes 2:4; 9:17 que pour décrire la suite du processus dans laquelle on est constamment rempli, Luc 4:1, Actes 4:8; 6:5; 7:55; 11:23; 13:52. Ceci nous montre que la phrase «être rempli» (littéralement: être en train d'être rempli), comme le mot baptême, ne désigne pas seulement une expérience initiale mais aussi une nouvelle manière de vivre.

Actes 4:31 laisse entendre que contrairement au baptême, «être en train d'être rempli» peut correspondre à une expérience reproductible. Les mêmes disciples ont été remplis une fois dans Actes 2:4 puis de nouveau une seconde fois dans Actes 4:31. Cela ne signifie pas que les expressions «baptême» et «être rempli» décrivent deux réalités différentes. Chaque expérience de l'Esprit est une effusion (ou remplissage) mais seule l'expérience initiale est un «baptême». C'est comme si, une fois baptisés (saturés ou immergés) dans le Saint-Esprit, nous continuions à être remplis alors que nous nous laissons tremper continuellement dans sa présence, comme des éponges.

Nous avons déjà vu que lorsque Luc utilise le mot *pletho* pour «rempli» il ne nous décrit pas comme des «coupes» qui contiennent l'Esprit, mais comme des «éponges» qui sont remplies par le fait d'être plongées dans l'Esprit. Ceci devrait nous aider à comprendre que les images associées à ces deux expressions (être rempli et être baptisé) sont similaires. Toutefois nous devons nous rappeler qu'il peut y avoir des

Recevoir l'Esprit

éponges propres et des éponges sales; certaines sont très absorbantes alors que d'autres ont des parties dures et sèches, et toutes les éponges trouvent occasionnellement avantage à être serrées et replongées dans l'eau.

La plupart des gens savent que Ephésiens 5:18 devrait être traduit par «continuez à être remplis du Saint-Esprit». Ceci ne signifie pas que nous demandons à Dieu de manière répétitive de compléter notre coupe à moitié remplie en rajoutant une dose! Cette expression inclut premièrement l'idée de s'ouvrir de plus en plus à l'Esprit. Deuxièmement elle veut dire que nous continuons à demander à Dieu de nous purifier, afin que nous devenions plus absorbants pour l'Esprit. Cela signifie supplier Dieu d'ôter ces domaines durs et secs de nos vies afin qu'une plus grande partie de nous-même soit saturée de l'Esprit.

Trop de gens pensent à l'Esprit dans le sens de l'Esprit «en nous» individuellement alors que le Nouveau Testament parle de «nous en lui» collectivement. Cette dernière expression montre de manière plus précise qu'il est nécessaire que nous vivions ensemble dans la présence de l'Esprit. Il est très important de faire la distinction entre ces deux manières de dire les choses (l'Esprit en nous ou nous en lui). Ceux qui pensent pouvoir en quelque sorte contenir l'Esprit, laissent implicitement entendre qu'ils sont assez grands pour contenir l'Esprit infiniment grand, ce qui correspond à une approche individualiste sans lendemains.

Bibliquement parlant, il est plus exact de considérer que notre expérience de l'Esprit est essentiellement collective dans son essence et non individualiste. Il est aussi plus juste de réaliser que nous sommes appelés à être «en lui» ensemble. Cette approche communautaire est meilleure, d'autant plus que l'on peut remarquer qu'il est question d'individus remplis de l'Esprit avant la Pentecôte, alors qu'après cet événement, il s'agit généralement de groupes qui sont remplis.

Oints de l'Esprit

Comme le mot «baptême», le mot «onction» est au meilleur sens du terme utilisé pour décrire un nouveau commencement. Il montre que notre expérience de l'Esprit devrait nous propulser dans quelque chose de frais, une nouvelle profondeur de service ou une nouvelle dimension de vie que nous n'avons pas encore connue.

Nous avons vu que les prophètes, les sacrificateurs et les rois étaient chacun oints d'huile dans l'Ancien Testament une fois seulement, dès le début de leur ministère, comme dans un acte de consécration à Dieu. Et nous savons que Jésus s'est proclamé *Christos*, le Oint, dans Luc 4:18–21. Comme le baptême ou le fait d'être rempli, l'onction décrit aussi quelqu'un qui est saturé de l'Esprit et entouré par l'Esprit. Peut être la «douche» est l'image moderne la plus proche de la sorte d'onction décrite dans le Psaume 133.

Lorsque nous sommes oints de l'Esprit par Jésus, cela signifie que l'Esprit vient sur nous et par-dessus nous: nous pouvons dire que nous sommes «sous» l'Esprit dans le même sens que nous disons que nous sommes sous la douche. Et nous continuerons à être oints tant que nous continuerons à vivre sous la douche de l'Esprit.

2 Corinthiens 1:21 et 1 Jean 2:20 et 27 décrivent les chrétiens comme des gens qui ont été oints de l'Esprit par Jésus. Cette expression ici suggère une expérience de consécration à Dieu et à son service qui est vécue une fois pour toutes, ainsi qu'une profonde expérience de sa connaissance et de sa compréhension.

Le concept de l'onction est sous-jacent dans les passages qui parlent de l'Esprit qui tombe sur des personnes, comme dans Actes 10:44; 11:15, «repose sur» 1 Pierre 4:1 «descendre et venir sur» Matthieu 3:16, «être répandu», Actes 2:17–18.

Scellés de l'Esprit

Cette expression se retrouve dans 2 Corinthiens 1:22, Ephésiens 1:13 et 4:30. Certains leaders avancent l'argument selon lequel le sceau correspond à la notion de propriété et qu'ainsi le chrétien est automatiquement scellé au moment de la régénération. Mais une lecture sans à priori de ces passages montre que d'une part cet événement prend place après la régénération et que d'autre part, comme pour l'onction, le baptême et le fait d'être rempli, ce scellement de l'Esprit est opéré par Jésus.

Cela est spécialement évident dans 2 Corinthiens 1:22 où l'on voit que le sceau est appliqué par Dieu et qu'il est associé à l'assurance de quelque chose qui existe déjà. La signification légale normale du sceau ne laisse pas de doute. On ajoutait la marque du sceau *après* la signature, comme une garantie d'authenticité. Lorsque nous sommes devenus chrétiens, le document légal de la vie éternelle nous est donné par le Saint-Esprit. La signature de Dieu est visible. Mais cette bonne nouvelle peut sembler trop belle pour y croire. Beaucoup de gens manquent d'assurance et se demandent s'ils n'ont pas été trompés. C'est alors que le sceau de l'Esprit est appliqué sur notre vie. Il est placé sur nous par Jésus et pourvoit à la preuve authentique, fiable et expérimentable de notre héritage, à savoir que nous appartenons vraiment à Christ.

Jean 6:26–27 montre que Jésus fait partie de ceux qui ont reçu ce sceau. Ce passage doit faire référence au don de l'Esprit à son baptême, car il n'existe pas d'autre explication adéquate. Ainsi la descente de l'Esprit lors de la Pentecôte elle aussi était comme un sceau. Elle assurait aux croyants que les promesses de Jésus étaient authentiques.

Bien que l'image du sceau n'approfondisse pas notre compréhension de la notion «d'être dans l'Esprit», elle souligne toutefois le concept d'une expérience qui initie un changement durable, car le fait d'être scellé désigne autant une action qu'un état permanent.

Connaître le Saint-Esprit

Recevoir l'Esprit

Cette expression est utilisée deux fois, dans Actes 8:14–17 et Actes 19:2–7. Certaines personnes avancent l'argument selon lequel nous recevons l'Esprit automatiquement lorsque nous devenons chrétiens, quand nous croyons en Jésus. Mais ces deux passages montrent que cette interprétation n'est pas crédible.

Les Samaritains et les Ephésiens dans les Actes sont clairement identifiés en tant que «croyants». Ils étaient déjà chrétiens. Mais ils n'avaient pas reçu l'Esprit de la manière dont le Nouveau Testament s'attendait à ce qu'ils le reçoivent.

Certaines personnes ont suggéré diverses théories pour expliquer la distance qui sépare la régénération de la réception de l'Esprit dans ces deux récits. D'autres ont émis l'hypothèse que ces deux histoires étaient incluses dans le Nouveau Testament seulement du fait de leur caractère exceptionnel.

Toutefois il semble plus honnête de penser que ces deux événements sont rapportés dans les Ecritures parce qu'ils décrivent une situation tout à fait normale. S'il s'agissait d'exceptions, pourquoi l'expérience normative n'est-elle pas mentionnée? Faut-il que cette théologie soit arrogante pour suggérer que le Nouveau Testament relève de l'exception et que l'expérience contemporaine soit normale! C'est bien plutôt l'inverse qui est vrai.

Ces cinq expressions bibliques décrivent toutes des expériences similaires, une initiation à une nouvelle dimension, une saturation avec un nouvel élément, une consécration à une tâche exigeante, une marque d'authenticité. Cette expérience peut se produire dans les instants qui suivent la régénération ou des jours, des semaines et même des années plus tard.

Quelle que soit la manière dont nous la décrivons, l'expérience est toujours donnée à la personne dans ce sens que nous ne pouvons pas nous baptiser, nous oindre, nous remplir ou nous sceller nous-mêmes. D'autre part, lorsque cette expérience a lieu, il y a toujours des signes évidents

Recevoir l'Esprit

qu'elle a bien eu lieu. Nous savons si oui ou non nous avons été baptisés d'eau, il y aura eu des témoins pour le confirmer. Le baptême, l'onction, le sceau sont des images de quelque chose de visible, tangible et que l'on peut prouver. Soit nous avons reçu l'Esprit soit nous ne l'avons pas reçu. La question est posée sans ambages dans Actes 19 et il n'y a sur cette question pas plus de place pour le doute aujourd'hui qu'à l'époque.

Ce qui est important, ce n'est pas quelle est, parmi ces cinq expressions, celle que nous utilisons pour décrire l'expérience qui consiste à recevoir l'Esprit et vivre en lui. C'est le fait que nous l'ayons reçu, que nous persévérions «en» lui et que nous nous aidions les uns les autres et nous enseignions les uns les autres à faire de même.

Une expérience distincte

La conversion, se tourner vers Dieu, est un processus qui inclut la repentance, la foi en Jésus, le pardon des péchés, le baptême d'eau et la réception du Saint-Esprit. Ce processus peut se réduire à quelques minutes avec tous ces aspects se produisant presque simultanément, comme pour les convertis le jour de la Pentecôte, ou il peut se répartir sur la durée d'une vie entière bien qu'idéalement Dieu ne veuille pas que cela prenne autant de temps.

Dans Jean 3, Jésus semble faire la distinction entre le fait de voir le royaume au verset 3 et entrer dans le royaume au verset 5. Le verset 3 montre que Dieu donne le don de la vue spirituelle à ceux qui naissent de nouveau, quand ils sont régénérés par l'Esprit. C'est à ce moment là que la destinée éternelle du croyant change et qu'il commence à voir les choses à la manière de Dieu et à développer un désir pour les choses spirituelles. Le verset 5 montre toutefois que la volonté de Dieu pour nous ne se limite pas à nous faire «voir» son royaume mais consiste aussi à nous faire «entrer» dedans profondément, à le goûter, à en jouir et à vivre dans ce royaume. C'est cette entrée qui crée la possibilité (et non

Connaître le Saint-Esprit

la réalité immédiate et concrète) de la victoire sur le péché, de la puissance du témoignage et de la croissance à l'image de Christ. Le fait que ces buts soient atteints pleinement dans la pratique ou non dépend de l'obéissance de chacun et d'une vie continuellement entretenue dans l'Esprit, mais la possibilité qu'ils soient atteints n'existe pas sans cette entrée dans le royaume de Dieu.

La régénération, être né de nouveau, est l'œuvre du Saint-Esprit. Il est l'agent de régénération, activement impliqué dans le monde et parmi les incrédules. Jean 16:8 montre qu'il convainc les pécheurs en ce qui concerne le péché, la justice et le jugement et Jean 3:1–8, Romains 8:1–14 et 1 Corinthiens 2:10–4 montrent clairement qu'il est tout simplement impossible de devenir chrétien sans l'œuvre du Saint-Esprit.

Personne ne peut choisir d'être régénéré et personne ne peut produire cette régénération. Personne ne sait quand elle va avoir lieu et les gens ne sont parfois pas conscients de ce qui arrive ou confus lorsque cela arrive. Nous savons simplement quand la chose a eu lieu car nous nous surprenons à croire ce que nous ne pouvions pas croire auparavant. Tout cela est accompli par l'Esprit, de la manière dont Jésus le décrit dans Jean 3:8. C'est son œuvre.

Toutefois il est possible d'être régénéré sans être baptisé dans l'Esprit. Ce baptême est accompli par Jésus. Comme nous l'avons vu, c'est lui le baptiseur et le Saint-Esprit est l'élément dans lequel nous sommes baptisés. Voici huit exemples bibliques de croyants qui ont été acceptés par Dieu mais qui n'ont pas été baptisés de l'Esprit:

- ◆ La plupart des saints de l'Ancien Testament étaient des croyants qui avaient été acceptés par Dieu mais n'avaient pas été baptisés de l'Esprit.

- ◆ Les apôtres étaient régénérés, ils opéraient des miracles, mais ils n'étaient pas baptisés dans l'Esprit et ne parlaient pas en langues jusqu'à la Pentecôte.

Recevoir l'Esprit

- Les 3000 Juifs pieux d'Actes 2 ont cru en Jésus au moment où Pierre parlait. Mais leur réception de l'Esprit a suivi leur repentance et leur baptême d'eau.
- Les Samaritains dans Actes 8 avaient reçu la parole de Dieu et avaient été baptisés d'eau mais ils ne reçurent pas l'Esprit tant que les apôtres ne leur eurent pas imposé les mains.
- Saul, dans Actes 9, avait reconnu Jésus comme Seigneur. Ananias n'a pas eu besoin de lui prêcher la Bonne Nouvelle mais il a seulement eu besoin de lui imposer les mains pour qu'il soit guéri et soit rempli de l'Esprit.
- Actes 10 nous parle de Corneille et de sa maison qui reçurent l'Esprit pendant que Pierre leur prêchait l'évangile. Cette expérience montrait que Dieu avait accepté ces païens et avait purifié leurs cœurs par la foi. Si leur baptême dans l'Esprit s'est passé tout près du moment où ils ont cru, Actes 15: 8–9 montre clairement que leur baptême dans l'Esprit était la preuve qu'ils avaient cru. Leur réception avait suivi leur foi.
- Il devait y avoir quelque chose dans la vie des disciples d'Ephèse dans Actes 19 qui a poussé Paul à leur demander s'ils avaient reçu l'Esprit quand ils avaient cru. Il est clair que Paul a vu que quelque chose manquait à leur expérience de l'Esprit mais ne doutait pas de l'authenticité de leur foi en Christ. Cela prouve clairement que pour Paul il était possible d'avoir cru sans avoir reçu l'Esprit.
- Eph 1:13 est un autre verset qui montre de manière incontestable que la réception du Saint-Esprit est séparée de la foi et subséquente à la foi. Paul utilise un participe désignant une action antérieure et écrit littéralement, «ayant cru, vous avez été scellés» (de l'Esprit). Certains avancent que la grammaire de Paul

suggère que les deux événements ont été simultanés «quand vous avez cru vous avez été scellés». En utilisant un tel argument ils confondent la construction du texte avec celle d'un «participe désignant une action simultanée», qui, lui, aurait effectivement exprimé une action simultanée. Il est donc clair que «croire» et «être scellé de l'Esprit» sont deux choses différentes et que la «foi» doit précéder le «sceau» – qu'est-ce que le Saint-Esprit pourrait sceller autrement? La période de temps entre ces deux expériences n'est pas importante, c'est la distinction entre elles qu'il est très important de saisir.

La régénération (la nouvelle naissance) est opérée par le Saint-Esprit. Cet événement change notre destinée et met en route le processus de la conversion qui inclut la repentance, la foi, le baptême et le fait d'être rempli de l'Esprit.

Mais quelle que soit l'expression que nous utilisons pour décrire l'expérience distincte qui consiste à recevoir l'Esprit telle que nous l'avons examinée dans cette section, nous pouvons être sûrs que cet événement possède les quatre caractéristiques bibliques suivantes:

- ◆ Il est initiateur, c'est le commencement de quelque chose de nouveau, d'une vie dans et avec l'Esprit
- ◆ Il est expérimenté pratiquement, c'est quelque chose qui a vraiment lieu
- ◆ Il est subséquent à la régénération. Du point de vue chronologique, il a lieu après que nous avons cru et été régénérés par l'Esprit
- ◆ Il se manifeste de manière vocale: la louange, une parole prophétique ou les langues sont le résultat biblique normal de cette expérience.

Il y a beaucoup d'évidences bibliques qui suivent l'expérience d'être rempli de l'Esprit, par exemple une augmentation de l'appétit spirituel, des attaques spirituelles et une assurance

Recevoir l'Esprit

nouvelle. Nous pouvons voir cela dans Actes 2:42 à 46, 4:32–35, Marc 1:12–13, Romains 8:15–23 et Hébreux 10:15.

Toutefois Luc 24:48–49, Actes 1:4–8; 4:31; 6:10; 9:20–22; 10:46 et 19:6–10 montrent que la manifestation vocale est le résultat le plus immédiat et évident de l'expérience. Ce qui est important c'est que la forme du discours qui accompagne le fait d'être baptisé dans l'Esprit, dans le récit des Actes, est toujours «prophétique». En effet cette expression vocale est provoquée par le Saint-Esprit – que ce soit de la louange, de la prophétie, des langues, ces dernières pouvant être vues comme une nouvelle forme de langage prophétique qui marque la nouvelle ère de l'Esprit dans l'église du Nouveau Testament.

Bien sûr, les langues et la parole prophétique sont sensées être une preuve continuelle d'une expérience ininterrompue, elles ne sont pas quelque chose qui devrait arriver une fois puis s'arrêter.

Etre baptisé de l'Esprit conduit à une nouvelle dimension de vie – la vie dans l'Esprit. Cela signifie que nous devons continuer à nous abreuver de l'Esprit et à nous baigner ou nous «imprégner» dans sa présence, en recevant un peu plus de lui chaque jour. C'est comme si un fleuve avait commencé à couler du ciel le jour de la Pentecôte, le fleuve du Saint-Esprit, et que nous étions capables de rester dans son courant en continuant à jouir de l'expérience de l'Esprit. Contrairement aux disciples de Jean qui sortaient du fleuve du Jourdain après avoir été baptisés par Jean, les disciples de Jésus restent dans le «fleuve de l'Esprit» une fois qu'ils ont été baptisés par Jésus.

Lorsque nous recevons l'Esprit, nous commençons à vivre dans l'Esprit et nous pouvons commencer à servir Dieu plus efficacement. Nous révélons sa présence plus clairement de toutes les manières merveilleuses que nous allons maintenant étudier.

Chapitre Cinq

La puissance de l'Esprit

De son premier à son dernier chapitre, la Bible montre que quand il est là, l'Esprit fait une différence. Que nous le voyions comme un vent violent ou comme une autre personne semblable à Jésus, nous devons reconnaître qu'il suscite toujours des changements décisifs.

Lorsque nous étudions les Ecritures, il est facile de se concentrer sur seulement un ou deux des changements opérés par l'Esprit.

La plus grande partie de l'église se concentre sur un aspect seulement de l'œuvre de l'Esprit et par conséquent passe à côté d'autres aspects de son œuvre. Par exemple un groupe d'églises mettra l'accent sur la puissance du témoignage tandis qu'un autre insistera sur la pureté du style de vie et un troisième se concentrera sur l'exercice des dons spirituels et des ministères spécialisés.

Si nous voulons être des gens saturés de l'Esprit qui vivent seulement dans sa présence, il est important que nous appréciions toutes les facettes de son œuvre. Nous devrions avoir soif de tous les changements que l'Esprit veut opérer dans notre vie personnelle et communautaire. Nous ne devrions pas essayer de lui dicter ce qu'il est censé faire où nous attendre à ce qu'il œuvre dans un domaine particulier. Nous devons être prêts à tout!

Dans l'Ancien Testament, quand l'Esprit tombait sur un petit nombre de personnes choisies, il les poussait à communiquer la pensée de Dieu avec puissance, autorité et exactitude. Nous observons la même chose dans les effusions du Nouveau Testament qui précèdent la Pentecôte. Les trois premiers chapitres de Luc montrent comment après avoir été oints de

Connaître le Saint-Esprit

l'Esprit, Jean, Elisabeth, Siméon, Zacharie et Jésus ont tous parlé avec puissance et autorité.

Après le baptême de Jésus (mais pas avant), les gens sont constamment frappés de son discours puissant et plein d'autorité. Nous le voyons dans Matthieu 7:28-29, Marc 1:27; 6:1-3, Luc 4:22 et 32.

Nous pourrions penser que les disciples qui avaient guéri les malades, chassé les démons, accompagné Jésus pendant trois ans et vu les preuves physiques de sa résurrection possédaient un équipement qui les rendait plus que compétents pour être des témoins. Mais ce n'était pas le cas.

Ils possédaient l'expérience, la formation et la connaissance, mais il leur manquait la seule qualification valable, à savoir la puissance même de Dieu, la puissance du Saint-Esprit. Dans Luc 24:48-49 et Actes 1:4-8, Jésus a promis que l'onction de l'Esprit suppléerait à ce manque, et nous savons que le livre des Actes raconte le résultat qui a suivi.

Quand nous parcourons les Actes, nous pouvons retracer la manière dont l'Evangile s'est répandu pour la première fois par la puissance de l'Esprit. Par exemple Actes 4:33; 6:8 et 10:38 sont des passages qui illustrent l'importance primordiale de la puissance de l'Esprit dans le témoignage de l'église. Le mot le plus commun en Grec pour puissance est le mot *dunamis*. Il décrit une capacité morale, physique ou spirituelle qui réside dans une personne ou un objet. C'est l'énergie explosive qui fait que les choses se passent! *Dunamis* est la puissance surnaturelle de Dieu par laquelle les miracles se font, la prédication devient efficace et les gens sont fortifiés pour résister dans de terribles persécutions et l'adversité.

Ceux qui ont, avec justesse, insisté sur le rôle de la puissance de l'Esprit dans le témoignage ont toutefois négligé son rôle dans d'autres domaines de la vie chrétienne. Le Nouveau Testament montre que la puissance *dunamis* de l'Esprit pour les chrétiens s'applique à toute une variété de situations. Par exemple la puissance de Dieu rend les croyants capables de:

La puissance de l'Esprit

- Témoigner de Jésus – Actes 1:8
- Témoigner de la résurrection de Jésus – Actes 4:33
- Opérer de grands signes et prodiges – Actes 6:8
- Faire du bien et guérir – Actes 10:38
- Abonder en espérance – Romains 15:13
- Opérer de puissants signes et miracles – Romains 15:18–19
- Parler et prêcher – 1 Corinthiens 2:4–5
- Endurer les difficultés – 2 Corinthiens 6:6–10
- Se réjouir dans les faiblesses – 2 Corinthiens 12:9
- Etre fortifié pour connaître l'amour de Dieu – Ephésiens 3:16
- Tenir ferme contre l'ennemi dans la prière – Ephésiens 6:10
- Annoncer l'Evangile – Philippiens 4:13, 1 Thessaloniciens 1:5
- Etre patient – Colossiens 1:11
- Partager les souffrances de Christ – 1 Timothée 1:7–8.

Puissance pour la proclamation publique
Dans l'Ancien Testament, l'onction ou l'effusion du Saint-Esprit donnait aux serviteurs de Dieu, les prophètes, la puissance de recevoir, comprendre et dire les pensées de Dieu. Par l'Esprit, ils savaient ce que Dieu voulait qu'ils disent et ils avaient l'autorité et la *dunamis* de Dieu pour le dire à voix haute en public.

Dans le Nouveau Testament, le Saint-Esprit rendait tous les croyants qui avaient été remplis de l'Esprit, capables à la fois de savoir quoi dire et le dire avec une puissance et une autorité qu'ils ne possédaient pas naturellement. Paul le montre clairement dans 1 Corinthiens 2:4.

Connaître le Saint-Esprit

Il est important que nous comprenions l'accent qui est mis par les Ecritures sur le fait qu'à la Pentecôte, l'Esprit a transformé la manière de parler en public des disciples. Actes 2:4 montre que lorsque les disciples ont été remplis de l'Esprit, l'Esprit leur a donné de «s'exprimer». C'est le mot grec *apophtheggomai* qui est utilisé seulement ici et dans Actes 2:14 et 26:25. *Apophtheggomai* signifie littéralement «parler à voix haute» et implique l'idée de faire un discours public.

La forme légèrement plus faible *phtheggomai* – qui signifie parler – est utilisée dans Actes 4:18. Ce verset ne contient pas une interdiction totale de parler, mais l'interdiction de parler de Jésus en public. Si des conversations privées avaient été interdites, ce sont les mots *lego* ou *laleo* qui auraient été utilisés.

Donc le mot «s'exprimer», dans Actes 2:4, correspond à une capacité et puissance spécifiques, imparties par l'Esprit, de se lever et parler à voix haute en public. C'était le «lève- toi et marche» pour parler puissamment de Jésus en public, et cette force était donnée à tous ceux qui étaient remplis du Saint-Esprit.

Le don des langues est une des caractéristiques vitales de la Pentecôte. C'était également un aspect distinctif et nouveau de la réception du Saint-Esprit à la Pentecôte, car jusque là aucun de ceux qui avaient été remplis de l'Esprit n'avait parlé en langues. Je suis sûr que nous avons urgemment besoin de redécouvrir l'importance vitale des langues en tant que don et que signe. Toutefois nous devons également réaliser que l'Esprit a aussi donné aux disciples la puissance de se tenir devant des milliers de gens et proclamer en public, dans leur langue maternelle, les «merveilles» de Dieu d'une manière qui étonnait et attirait les auditeurs.

La puissance des miracles

Les prophètes oints étaient les instruments de Dieu pour faire des miracles dans l'Ancien Testament. Des hommes tels que Moïse, Elie et Elisée qui avaient été remplis de l'Esprit

La puissance de l'Esprit

découvrirent que, non seulement Dieu avait puissamment fortifié leur capacité de parler en public mais aussi qu'il opérait des miracles par leur intermédiaire.

Nous trouvons la même chose dans le Nouveau Testament. Actes 6:8 montre que la puissance était la clé des miracles opérés par Etienne. Romains 15:18–19 souligne que cette puissance pour opérer des miracles est la puissance de l'Esprit de Dieu.

Matthieu 21:11, 46; Marc 6:4–15; Luc 7:11–17 et Jean 7:40 montrent aussi que les contemporains de Jésus ont continuellement estimé qu'il était un prophète à cause de ses miracles. Les signes et prodiges ne leur faisaient pas penser que Jésus était divin, mais ils le situaient plutôt dans la lignée des prophètes remplis de l'Esprit qu'ils connaissaient à partir de leur histoire. Il est toutefois important de noter que le niveau de réception de l'Esprit de Jésus – sans mesure – et la manifestation des miracles – sans parallèles – ainsi que le message unique qu'il apportait, démontraient que Jésus était divin. Les gens reconnaissaient que les signes et les miracles signifiaient que Dieu était avec Jésus d'une manière spéciale. Là encore, le Saint-Esprit est la clé qui permet démontrer que Dieu est avec nous.

Il est important de saisir que l'Esprit donne la puissance pour opérer des miracles essentiellement dans le contexte de la proclamation de la Bonne Nouvelle de Jésus à ceux qui ne croient encore pas. Dans le Nouveau Testament, les signes et les miracles sont donnés principalement afin de convaincre les gens que le message de Jésus est vrai. Bien sûr, Dieu guérit, pourvoit et délivre aussi parce qu'il se préoccupe des malades et des gens dans le besoin, mais le contexte est d'abord celui de l'évangélisation.

Par exemple le livre des Actes rapporte:

- ◆ Huit événements de miracles de guérison – 3:1–10; 9:8–19; 9:32–35; 9:36–43; 14:19–20; 20:7–12 et 28:7–10.

- Six déclarations générales concernant la guérison – 2:43; 5:12–16; 6:8; 8:4–8: 14:3 et 19:11–12.
- Un exemple de délivrance – 16:16–18
- Trois déclarations générales sur la délivrance – 5:12–16; 8:4–8; 19:11–20.

Une lecture attentive de ces passages montre que les signes et les miracles sont une part essentielle du témoignage de l'église inspiré de l'Esprit et rempli de puissance. Cela signifie que la puissance pour faire des miracles ne peut réellement être séparée de la puissance pour la proclamation publique.

Dans les Actes, les miracles jouent un rôle clef dans l'évangélisation et la croissance de l'église. Par exemple:

- Après que le boiteux a été guéri, Pierre et Jean furent emprisonnés et sévèrement repris mais beaucoup de ceux qui entendirent l'explication de Pierre au sujet de ce miracle devinrent des croyants – Actes 4:4.
- La conséquence de la guérison de Saul fut sa prédication à Damas qui le propulsa dans son avenir fructueux – Actes 9:20.
- Quand Enée fut guéri, «tous les habitants de Lydde et du Saron le virent et se convertirent au Seigneur» – Actes 9:35
- Tout Joppé entendit parler de la résurrection de Tabitha et «beaucoup crurent au Seigneur» – Actes 9:42.

Dans les Actes, la croissance de l'église est attribuée:

- Quatorze fois à l'association entre les miracles et la proclamation de l'Evangile
- Six fois aux seuls miracles
- Une fois à la seule prédication.

Ceci devrait être suffisant pour avancer le fait que la guérison se trouve naturellement et justement associée au contexte de la proclamation de la Bonne Nouvelle à ceux qui n'appartiennent encore pas à Christ. Paul pensait certainement ainsi dans Romains 15:18-19.

Très peu de ceux qui sont guéris dans le Nouveau Testament étaient de ceux qui suivaient Jésus. Paul, Lazare et Tabitha étaient des disciples et peut-être était-ce le cas d'Enée, d'Eutychus et de la belle-mère de Pierre.

Toutefois les autres trente deux personnes dont la guérison miraculeuse par la puissance de l'Esprit est mentionnée, ne semblent pas avoir été disciples de Christ au moment de leur guérison. Ceci doit donc signifier que l'évangélisation est le principal contexte dans lequel l'Esprit choisit d'opérer de puissants miracles.

La puissance pour le combat

Ephésiens 6:10-20 et 1 Pierre 5:8 sont des passages qui montrent que tous les chrétiens sont impliqués dans une lutte avec les forces de ténèbres. Nous pouvons nous sentir faibles et pas à la hauteur quand nous pensons à toutes les mauvaises choses qui se passent dans ce monde, lorsque nous combattons avec certaines tentations personnelles récurrentes ou lorsque nous essayons de répondre aux objections des gens à notre foi. Mais des passages tels que 2 Corinthiens 10:4-6 nous promettent que l'Esprit nous donnera la puissance dont nous avons besoin pour cette sorte de combat spirituel.

L'Esprit ne nous donne pas juste la puissance de parler publiquement pour Jésus, il nous donne aussi la puissance de vivre dans la pureté pour Jésus. Il nous communique la capacité de faire ce que nous savons que nous devons faire et désirons sincèrement faire, et ce pourquoi néanmoins nous sentons que nous manquons de force.

Il nous donne la puissance de dire «non» aux désirs provoqués par tout ce que le «monde, la chair et le diable» semblent proposer, qu'il s'agisse de vices évidents comme la dépendance à la cigarette ou à la boisson ou de vices moins évidents tels l'ambition, la réputation ou l'adulation. Il nous donne la force d'être patients avec les gens qui éprouvent notre patience, de garder notre sang froid, de rester ferme sous la pression, d'aimer les gens impossibles à aimer, en fait, de faire toutes les bonnes choses que l'ennemi essaye constamment de nous empêcher de faire, en s'assurant que nous ne les ferons pas.

Bien sûr, certains chrétiens voient toutes les difficultés comme des activités démoniaques et sont trop concernés par le combat contre Satan. Pourtant beaucoup des problèmes contre lesquels nous nous battons sont seulement une partie ou une parcelle de notre humanité déchue. Les problèmes ordinaires de notre vie quotidienne peuvent sembler nous écraser, mais Dieu nous donne la grâce et la *dunamis* dont nous avons besoin pour vaincre nos faiblesses et nos troubles. 2 Corinthiens 12:9–10 est un passage remarquable qui nous aide d'une part à replacer nos problèmes dans une juste perspective et d'autre part à y repenser de manière biblique.

Encore et encore nous devons tous crier à Dieu, en le suppliant de nous aider, de nous fortifier, de nous donner la puissance de parler et agir de la bonne manière. Nous devons lui demander instamment son aide pour que nous puissions faire face aux pressions que nous subissons. Et nous pouvons être sûrs que la puissance de l'Esprit sera tout ce dont nous avons besoin pour vaincre et tenir ferme.

Nous devons tous sans exception combattre l'ennemi sous toutes ses formes, soit en nous soit autour de nous. Il est de la plus grande importance que nous comprenions que seule la puissance de l'Esprit peut nous donner la victoire. Nous serons dans la défaite chaque fois que nous nous appuierons sur nos propres ressources ou notre propre expérience.

La prière de Paul pour la *dunamis* dans Éphésiens 3:16, devrait être notre prière constante, autant pour nous que pour ceux que nous aimons et servons. Nous avons désespérément besoin de la puissance explosive de l'Esprit pour nous aider à repousser les frontières du diable dans notre société et y établir le royaume de Dieu.

La puissance de l'Esprit

La puissance pour l'espérance et la persévérance

La plupart des chrétiens connaissent certaines promesses de Dieu. Mais nous avons besoin de la puissance de l'Esprit pour traduire ces promesses en une expérience tangible qui nous remplisse d'espérance joyeuse face aux mauvaises nouvelles. Nous avons besoin de continuer à prier les uns pour les autres selon l'intercession de Paul dans Romains 15:13.

Beaucoup de croyants sont influencés par le climat de ce monde qui les pousse à trouver des solutions rapides à leurs difficultés plutôt que d'embrasser la puissance de Dieu pour persévérer dans les coups durs. 2 Corinthiens 6:3-10 et Colossiens 1:11 nous aident à apprécier l'attitude de Paul face aux circonstances difficiles. Il connaissait la vérité selon laquelle Dieu donne la patience et la grâce pour supporter les tribulations. Nous avons besoin de nous rappeler, et aussi d'enseigner, que le don de la *dunamis* de Dieu pour la persévérance est souvent la réponse de Dieu pour vaincre les difficultés.

C'est la puissance de l'humble Saint-Esprit qui renforce notre résolution à persévérer. C'est le *Parakletos*, «la personne encourageante», qui nous presse de persévérer dans l'adversité. C'est «l'Esprit de vérité» qui nous enseigne à reconnaître que la patience produit la foi et à rejeter les manières de penser et les attitudes du monde.

Puissance pour l'église

Ephésiens 1:19-23 est l'une des plus remarquables descriptions de la puissance *dunamis* de Dieu dans le Nouveau Testament et montre clairement que Dieu communique sa puissance essentiellement dans le contexte de l'église.

Récemment, la société occidentale a placé un accent énorme sur l'individu. Cette tendance a influencé l'église et beaucoup de leaders ont exagéré l'importance de la réponse individuelle à Dieu.

Cette importante vérité doit être contrebalancée par l'accent mis par le Nouveau Testament sur les réponses, relations

Connaître le Saint-Esprit

et activités communautaires. En anglais, contrairement à beaucoup de langues, le «tu» singulier et le «vous» pluriel sont rendus par le même mot «you» (un peu à la manière dont le «vous» de la formule de politesse en français est un singulier). Et l'insistance de la société sur l'individu a signifié que la plupart d'entre nous avons instinctivement interprété les «vous» du Nouveau Testament comme des pronoms au singulier. Si bien que nous (*les anglophones*) pensons en termes de «moi» plutôt que «nous» lorsque nous lisons un «vous» dans la Bible.

La langue grecque distingue toutefois entre un «vous» au singulier et un «vous» au pluriel. Et dans la grande majorité des cas, le «you» dans le Nouveau Testament anglais signifie «vous» au pluriel plutôt que le singulier «toi pour ton compte personnel».

Ainsi les promesses de Dieu sont plus destinées à «nous ensemble» qu'à «moi de mon côté». Et c'est la raison pour laquelle les images de l'église décrivent une seule entité unie, le corps, l'épouse, le temple etc… plutôt que beaucoup de petites unités séparées.

Ephésiens 1:19–23 est un bon rappel du fait que la puissance de Dieu est donnée principalement dans un contexte d'église. Matthieu 16:18 déclare que c'est l'église contre laquelle les portes de l'enfer ne prévaudront pas, et non des croyants individuels. Ceci signifie sûrement que nos prières pour la puissance *dunamis* de Dieu devraient être «donne-nous» plutôt que «donne-moi».

La puissance pour témoigner de Jésus

Quand nous essayons de comprendre le but général pour lequel l'Esprit nous donne sa puissance, nous devons lire un verset tel que Actes 4:33. L'Esprit nous donne la puissance de proclamer et persévérer, d'opérer des miracles et de combattre, afin que nous devenions de puissants témoins du Seigneur Jésus ressuscité.

Les miracles ne sont pas seulement là pour nous enthousiasmer et nous encourager. La victoire et l'espérance ne

La puissance de l'Esprit

sont pas seulement là pour nous rendre la vie plus facile. Ils sont là pour produire une éloquence et un témoignage efficace qui touchent *les autres*. Tous les aspects de la puissance de l'Esprit sont là pour nous rendre capables de connaître mieux Jésus et nous aider à révéler Jésus plus clairement au monde plein de besoins qui nous entoure. Le test authentique de la vraie puissance spirituelle consiste à savoir si elle amène les gens dans une connaissance plus intime et une compréhension plus profonde de Jésus.

L'avertissement sévère de Jésus dans Matthieu 7:15-23 nous montre clairement que la capacité de chasser les démons, de prophétiser et de faire des miracles n'est pas suffisante en soi. Lorsque la puissance spirituelle ne rapproche pas les gens de Jésus, lorsque la motivation d'un ministère est égocentrique ou que l'obéissance et la vérité sont absentes ou lorsque l'attention est portée sur un «homme de Dieu»; en fait chaque fois qu'il y a «performance», nous sommes en présence de l'esprit de Simon le magicien tel que nous le trouvons dans Actes 8. Dans ce chapitre nous voyons en effet la tentation de posséder la puissance privée de la vérité, la sainteté et la pureté morale. Nous voyons le désir de puissance devenir une fin en soi autant que le moyen d'atteindre un but.

Il y a trop de croyants qui demandent la puissance dans leurs prières pour des raisons différentes que celle de mieux connaître Jésus et le révéler plus clairement. Et trop de leaders essayent de manipuler la puissance de Dieu à leurs propres fins, alors qu'ils devraient expérimenter la puissance de Dieu comme le résultat de leur obéissance à la volonté de Dieu.

Nous ne devrions pas parler de l'œuvre de l'Esprit dans un langage où tout est centré sur l'homme, comme si la puissance de Dieu était quelque chose qui nous était rendue disponible pour que nous puissions presser sur le bouton et l'utiliser. Non, nous nous rendons disponibles à Dieu et c'est lui qui nous utilise; ce n'est jamais l'inverse qui est vrai.

Nous devons rejeter l'idée selon laquelle la puissance de Dieu agit automatiquement en nous et que nous en réglons l'intensité par le degré de notre consécration et de notre foi. Il est le souffle de Dieu qui souffle où il veut et ses soupirs varient beaucoup en intensité.

Dans notre langage évangélique, nous devons faire attention de ne pas présenter l'Esprit comme une offre ou une ressource que les incroyants pourraient maîtriser ou contrôler à partir du moment où ils se seraient convertis. La puissance de Dieu en nous n'annule pas instantanément nos défauts de caractère et ne redresse pas notre vie immédiatement pour en faire une vie agréable. Notre vie est une lutte continuelle contre les pressions et les stratégies du monde, de la chair et du diable.

La vérité, c'est que l'Esprit produit effectivement des transformations à vous couper le souffle par sa puissance *dunamis*. Et il nous pourvoit aussi de la force et la capacité de faire ce que nous devons faire. Ce revêtement de puissance de Christ par son Esprit est une vérité glorieuse que nous devrions désirer expérimenter de plus en plus.

Mais il ne nous donne sa puissance seulement pour que nous puissions mieux connaître Jésus et seulement dans le but que nous puissions le révéler plus clairement. Nous avons vu que chaque aspect de l'œuvre authentique de l'Esprit glorifie Christ et se concentre sur lui. Ainsi nous devrions toujours parler de l'Esprit et de son œuvre dans un langage christocentrique. Toute autre manière de parler serait se moquer de son ministère.

La puissance de l'Esprit nous est donnée, mais elle nous est donnée pour nous transformer en meilleurs témoins, en des personnes dont les paroles et la vie, dont la conduite quotidienne et l'autorité spirituelle montrent que Jésus est vivant dans les cieux.

Chapitre Six

La pureté de l'Esprit

Bien que nous parlions souvent de «l'Esprit», nous savons qu'il est appelé avec justesse le «Saint-Esprit». Son nom, comme c'est le cas pour tous les noms de Dieu dans la Bible, révèle sa nature. Il est parfaitement saint.

Que signifie «être saint»?
Nous avons vu que le mot grec pour «saint» est hagios. Pour beaucoup de gens, le mot «saint» a des connotations morales. Ils pensent qu'être saint signifie en fait être très bon, avoir une conduite parfaitement polie, et même exempte de péché. Mais *hagios* est essentiellement un mot technique qui signifie «totalement séparé / dévoué / consacré.»

- *Hagios* est utilisé pour décrire:
- Le Père – Luc 1:49, Jean 17:11, 1 Pierre 1:15–16,
- Apocalypse 4:8, 6:10.
- Le Fils – Luc 1:35, Actes 3:14; 4:27–30, 1 Jean 2:20
- L'Esprit – 2 Timothée 1:14, Tite 3:5, 2 Pierre 1:21, Jude 20.

Le Dieu trinitaire est «saint» dans le sens qu'il est séparé de tout ce qui est de la création par sa nature infinie: il est «complètement autre». Mais Dieu est aussi séparé de l'humanité par sa perfection morale; toutefois, dans ce cas, sa sainteté, sa séparation, est une conséquence plutôt qu'une description de son impeccabilité.

Les membres de la trinité, le Père, le Fils et l'Esprit, sont «saint» dans le sens qu'ils sont complètement dévoués l'un à l'autre. Jésus révèle sa sainteté dans sa consécration absolue

Connaître le Saint-Esprit

au Père et l'Esprit révèle sa sainteté en existant seulement pour apporter la gloire à Jésus. Leur consécration totale l'un à l'autre est leur sainteté.

Dans le Nouveau Testament, les croyants sont aussi appelés *hagios* dans la mesure où ils sont consacrés à Dieu. Ce terme qui est parfois traduit par «saints». Il y a beaucoup de mots grecs qui auraient pu être utilisés comme par exemple *hieros* qui signifie «sacré» ou «extérieurement associé à Dieu», *semnos*, qui signifie «digne», «honorable» ou *hagnos*, qui signifie «pur» ou «exempt de souillure». Mais *hagios*, qui décrit la nature de l'Esprit, est le mot utilisé.

Hagiasmos, la sainteté, signifie premièrement la séparation pour Dieu. Nous pouvons le voir dans 1 Corinthiens 1:30, 2 Thessaloniciens 2:13 et 1 Pierre 1:2.

Mais *hagiasmos* décrit aussi l'état résultant de la séparation, à savoir la conduite qui est appropriée pour ceux qui sont totalement dévoués, consacrés à Dieu et engagés pour lui. Nous pouvons le voir dans Romains 6:19, 22; 1 Thessaloniciens 4:3–7, 1 Timothée 2:15 et Hébreux 12:14.

Cela signifie que la sainteté n'est pas une chose à laquelle nous aspirons ou que nous pouvons atteindre mais plutôt l'état dans lequel Dieu, dans sa grâce, nous a appelés et dans lequel nous vivons.

Nous avons vu que les croyants qui ont été remplis du Saint Esprit sont appelés à rester dans le baptistère, c'est-à- dire à rester dans l'Esprit, à vivre dans l'Esprit, à être remplis et dirigés par lui. Cela signifie qu'à partir de ce moment où nous avons reçu l'onction, nous vivons dans la sainteté et avec sainteté de la même manière que nous vivons dans la puissance de l'Esprit et que nous manifestons sa puissance.

La seconde grande œuvre du Saint-Esprit est d'amener sa sainteté dans nos vies et de nous aider à vivre dans sa sainteté avec la pureté nécessaire.

La sainteté est l'état ou la condition abstraite dans laquelle nous entrons quand nous commençons à vivre dans le Saint-Esprit, alors que la pureté (tout comme la puissance) est une conséquence pratique de cet état, une manifestation de l'Esprit visible dans notre conduite. Cela signifie qu'il doit y avoir une séparation du péché aussi bien qu'une séparation pour Dieu.

C'est par l'Esprit que Dieu nous purifie de la souillure du péché et nous rend capables de résister à la tentation et de faire sa volonté. Romains 8:9–16 montre qu'alors que nous vivons dans l'Esprit, nous devenons graduellement plus comme lui et nous sommes fortifiés par lui pour mettre à mort les œuvres du corps. 2 Corinthiens 3:18 montre que par l'Esprit, nous sommes en train d'être réellement transformés à l'image de Dieu. Cela signifie que le Saint-Esprit œuvre en nous à notre sanctification – il transforme notre caractère sur le plan moral et spirituel afin que notre vie commence à refléter le rang que nous avons déjà atteint aux yeux de Dieu.

La pureté par rapport au péché

Romains 3:9 nous enseigne que les êtres humains qui ne sont pas passés par la régénération sont sous la puissance du péché et Romains 7:20–23 nous montre que le péché existe encore en ceux qui sont nés de nouveau. Si certains croient que Romains 7 décrit l'expérience des incroyants, cette description que fait Paul d'une personne qui lutte avec le péché qui habite en elle correspond à l'expérience de tout croyant.

Le péché est une rébellion contre Dieu. Il correspond à toute forme de volonté propre en pensée ou en actes. Esaïe 61:8, Jérémie 44:4 et Proverbes 6:16–19 nous montrent que Dieu hait le péché et qu'aux yeux de Dieu, le péché nous souille. Selon les Ecritures, le péché est une culpabilité qui doit être ôtée par le pardon, une souillure qui doit être lavée ou nettoyée, et aussi une puissance qui a besoin d'être brisée.

Pratiquement tous les aspects de l'œuvre du Saint-Esprit sont présents dans l'Ancien Testament en tant qu'ombre des choses à venir. Nous avons vu que l'Esprit rendait les prophètes capables de prononcer la parole de Dieu avec puissance et autorité et nous avons noté des passages qui montrent comment le Saint-Esprit purge le peuple de Dieu du péché.

Connaître le Saint-Esprit

Nous trouvons cela dans les passages suivants par exemple:
- ◆ Esaïe 61:8 montre que Dieu hait le péché
- ◆ Esaïe 4:4 est dans l'attente du temps où Israël sera lavé et purifié «par le souffle de la justice et par le souffle de la destruction» (Version Segond)
- ◆ Zacharie 13:1 prophétise que le jour viendra où le péché et l'impureté seront éliminés grâce à une «source»
- ◆ Malachie 3:2 donne l'avertissement que Dieu est comme le feu du fondeur et qu'il purifiera ses enfants
- ◆ Ezéchiel 36:25–27 promet que Dieu purifiera de toute souillure et mettra son Esprit dans ses enfants.

Ces versets nous aident à apprécier à quel point notre conduite pécheresse nous rend vraiment sales devant Dieu. Cela le dégoûte, de même que nous sommes dégoûtés quand il y a de la saleté là où elle ne devrait pas être. Toutefois, ces passages soulignent aussi que, dans sa grâce, Dieu est déterminé à pardonner notre attitude de péché et à y mettre fin.

Toutes les lois sur la pureté de l'Ancien Testament et les rituels de ce type annoncent l'œuvre purificatrice de Dieu. Nous le voyons même encore plus clairement dans les descriptions du salut dans le Nouveau Testament, spécialement dans les passages qui parlent de laver et purifier comme Jean 13:10; 15:3, Actes 22:16, 1 Corinthiens 6:11, 2 Corinthiens 7:1, Ephésiens 5:3–5, 25–27, 2 Timothée 2:20–22, Hébreux 9:11–14, 10:22, 1 Jean 1:7–9 et 3:3.

L'Esprit est l'agent divin de la purification. Il nous fait «naître de nouveau». Il nous donne un «nouveau cœur» qui crée la possibilité – elle n'existait pas avant – de vivre dans la pureté et l'obéissance aux commandements de Dieu. Il forme nos vies et nous régénère. Il nous rend capables de recevoir la nature même de Christ et de devenir de plus en plus comme lui dans notre vie terrestre.

Rien de tout cela n'est automatique. Lorsque nous recevons l'Esprit nous pouvons vivre et allons peut être vivre dans sa puissance et sa sainteté mais nous ne deviendrons pas pour autant nous-mêmes tout puissants et entièrement parfaits. En fait nous commençons plutôt à marcher dans l'Esprit et commençons à lui permettre de nous refaire à son image. Galates 5:17 nous montre que le chemin qui mène à la puissance spirituelle et à la pureté par rapport au péché est une lutte longue et difficile. Elle est synonyme de tension continuelle entre ce que nous sommes en Christ et notre propre marche personnelle vers notre accomplissement spirituel.

Nous vivons, en effet, dans un temps de tension eschatologique entre un «déjà» décisif et un «pas encore» qui doit encore se produire, entre un travail «commencé» par Christ lors de sa première venue et un travail qui ne sera «achevé» qu'à son retour. Cette tension entre le «déjà» et le «pas encore» est examinée de manière plus complète dans le volume trois de *l'Epée de l'Esprit*, intitulé *Le règne de Dieu*. Elle explique les exhortations répétées et vigoureuses de Paul dans Romains 6:12–23 de ne pas se livrer au péché. Dans ce présent siècle mauvais, notre salut attend encore sa consommation – qui ne sera réalisée qu'avec la résurrection de notre corps dans le monde à venir. Cela signifie que le fait de pécher est encore une possibilité très réelle pour les chrétiens. Toutefois, comme le dit Romains 8:23, le Saint-Esprit correspond aux «prémices» et représente la garantie de notre salut – en nous abandonnant à lui il nous aide dans notre faiblesse et nous pouvons vivre une vie pure devant Dieu.

Le combat intérieur du croyant

Nous devons reconnaître et expliquer aux autres qu'il y a deux catégories de désirs dans la vie de tout chrétien. Il y a l'ensemble des désirs qui traduisent la nature «de la volonté propre et de la rébellion contre Dieu», à savoir la nature de l'humanité déchue. Et il y a une autre catégorie de désirs qui expriment la nature «qui aime et honore Dieu de manière surnaturelle» et qui a été implantée en nous par l'Esprit au moment de la régénération.

Connaître le Saint-Esprit

Ces désirs opposés signifient que, bien que nous «vivions dans la sainteté» de la manière que nous avons considérée, nous découvrons toujours et encore que nos «cœurs» ne sont jamais absolument purs. Il y a toujours quelque chose qui nous tire en arrière. Par exemple:

- Nous ne pensons ni ne faisons jamais quelque chose qui soit parfaitement juste – même si notre but est de servir dans la perfection.
- Nous sommes empêchés de penser ce que nous voudrions penser.
- Nous savons que tout ce que nous avons fait pourrait et devrait avoir été mieux fait.
- Nous nous surprenons à être orgueilleux ou à faire preuve de faiblesse ou de folie
- Nous voyons des situations où nos motivations et nos actions auraient pu être meilleures
- Nous tendons vers la perfection et découvrons qu'elle n'est pas loin de nous mais reste toujours hors de notre portée.

Cela ne signifie pas que nous n'arrivons jamais à atteindre la moindre pureté en ce qui concerne le péché. Loin de là, au contraire, la vie chrétienne est constamment en progression et non dans une totale défaite. L'injonction de Galates 5:16 de «marcher dans l'Esprit» et «ne pas accomplir les désirs de la chair», est une reconnaissance de la réalité de notre combat avec le péché et nous montre que marcher ou vivre dans l'Esprit est le chemin à suivre. Ce passage insiste également sur le fait que nous pouvons résister aux désirs de la nature de l'humanité déchue qui nous assaillent.

De plus:

- Romains 7:6 enseigne que nous avons été libérés de l'esclavage du péché afin que dans cette nouvelle vie de l'Esprit nous puissions pratiquer l'amour et la justice.

La pureté de l'Esprit

- Galates 5:13-14, Romains 6:17 à 7:6 et 1 Thessaloniciens 4:1-8 montrent que nous devrions faire ce que nous pouvons – c'est l'expression de la sainteté dans laquelle nous vivons.
- Romains 8:13 enseigne que nous pouvons et devrions mettre le péché à mort par l'Esprit
- Romains 8:4 et Galates 5:16-25 montrent que nous pouvons et devrions marcher dans l'Esprit, en laissant derrière nous un sillage régulier de bonnes œuvres et de conduite inspirée par Dieu qui manifestent la sainteté dans laquelle nous vivons.

Lorsque nous marchons dans la sainteté de l'Esprit, l'Esprit de vérité s'assure que nous continuions à tomber sur certaines vérités, dont celles qui suivent: dans notre vie, rien n'est aussi bien que cela devrait être. Nous n'avons pas combattu contre les désirs naturels avec autant de férocité que nous pourrions l'avoir fait. Une certaine dose de volonté propre teinte encore les meilleures choses que nous faisons pour Dieu et il y a de la souillure du péché qui assombrit encore notre vie quotidienne.

Tout cela signifie que lorsque nous vivons «dans le Saint Esprit», nous devons continuer à nous jeter dans les bras de la grâce de Dieu, de sa miséricorde et son pardon et continuer à demander à l'Esprit de nous fortifier pour que nous tenions ferme dans notre combat intérieur contre le péché.

Gloire à Dieu, dans sa consécration à la glorification de Jésus, l'Esprit répond à nos cris et agit de plusieurs manières. Il travaille lentement à la purification des croyants. Il communique peu à peu la puissance sur le péché dans leur vie.

Pureté par la force de changer

En tant qu'Esprit de vérité, le Saint Esprit nous rend conscients de nos fautes et de nos erreurs et attire notre attention sur toutes les différentes manières dont nous décevons Dieu. Il met en pleine lumière nos mauvaises habitudes et nous presse

Connaître le Saint-Esprit

de prendre bonne note de passages tels que 2 Corinthiens 7:1, disant de nous purifier des souillures de la chair et de l'esprit.

Deux des tactiques favorites du diable sont les suivantes:

- ◆ Nous pousser à essayer de faire ce que Dieu seul peut faire
- ◆ Nous faire tomber dans le piège de demander qu'il fasse ce que lui nous a demandé de faire.

C'est pourquoi il est important que nous comprenions qu'il y a deux fils conducteurs dans l'enseignement du Nouveau Testament sur la pureté. Il y a un élément de purification, que Dieu fait lui-même par l'Esprit, et il y a une seconde partie qu'il s'attend à ce que nous fassions nous-mêmes, mais là encore, par l'Esprit.

Romains 8:13-14 éclaire bien sur le fait que c'est «par l'Esprit» que nous sommes appelés à mettre à mort les œuvres du corps (ou de la chair selon la traduction). Dieu ne fera pas ce travail à notre place. Il ne le fera même pas par nous. Plutôt que cela, il nous rend capables de le faire nous-mêmes, par l'Esprit.

Cela signifie que nous devrions toujours aller de l'avant dans l'Esprit, toujours marcher, avec lui et en lui, dans une plus grande profondeur dans son royaume, en développant de bonnes habitudes dans chaque domaine de nos vies. Année après année, nous devrions devenir un peu plus comme Christ, suite au fait que nous marchons «sous le régime nouveau de l'Esprit» ou «dans la nouveauté de l'Esprit», comme le dit Romains 7:6.

Romains 6:17 à 7:6, Galates 5:13 et 1 Thessaloniciens montrent que la pureté est la volonté de Dieu pour chacune de nos vies. Mais nous ne pouvons mettre à mort les œuvres de la chair que parce que nous avons reçu l'Esprit. Et nous ne pouvons marcher «selon l'Esprit» que parce qu'il est venu à nos côtés.

Chaque jour, chacun de nous éprouve les désirs du Saint-Esprit et ses propres désirs charnels. Le diable fait penser à

La pureté de l'Esprit

chaque croyant qu'il est le seul à faire face à ces luttes, que certains chrétiens, eux, n'ont pas ces désirs charnels, et que s'il était un «vrai» chrétien, il n'aurait pas de tels désirs.

Ces insinuations démoniaques sont tout simplement mensongères. Tout croyant dans toutes les générations doit se battre de toutes ses forces pour suivre la direction de l'Esprit et ignorer ses propres désirs.

Certaines personnes pensent que le combat devrait être moins difficile avec l'âge et la maturité dans la foi. Mais nous aurons toujours besoin de supplier l'Esprit de fortifier notre détermination à suivre ce chemin de sainteté, jusqu'à notre dernier souffle.

La pureté par la transformation

Le combat spirituel n'est pas un effort fait par nous-mêmes. Comme nous l'avons vu, il existe un autre fil conducteur dans l'enseignement sur la pureté qui parcourt le Nouveau Testament. Beaucoup de versets utilisent la construction verbale passive pour attester que nous sommes lavés, nous sommes purifiés et nous sommes sanctifiés. Dieu, le Saint-Esprit, travaille dans nos vies pour y apporter la pureté et nous configurer à son image.

2 Corinthiens 3:18 utilise la forme passive pour montrer que «nous tous… sommes transformés en la même image… par l'Esprit.» Il s'agit de l'image de Christ lui-même. Alors que nous marchons dans l'Esprit, comme Paul nous le conseille dans Galates 5:16, nous sommes changés par l'Esprit afin que progressivement nous reflétions la gloire du Seigneur et soyons peu à peu transformés à son image.

Peu de passages décrivent cette transformation mieux que Galates 5:22–24. Ici Paul utilise un terme imagé pour illustrer le caractère vraiment semblable à Christ qui se développe surnaturellement en ceux qui restent et vivent dans l'Esprit.

Le fruit de l'Esprit n'est pas une liste de différents fruits, mais correspond plutôt à la description la plus complète possible d'un seul fruit, à savoir la nature de Christ. De même qu'un fruit naturel grandit sur des arbres sains et matures qui poussent dans de bonnes conditions, de même ce fruit spirituel se développe dans des croyants qui vivent à la bonne place, c'est-à-dire dans l'Esprit.

Il ne s'agit pas d'une transformation instantanée mais d'un changement lent et toutefois continu que Dieu apporte dans la vie de ceux qui restent dans l'Esprit. Dieu accomplit ce travail par le rôle révélateur constant du Saint-Esprit et aussi par des crises occasionnelles, vécues lorsque nous rencontrons l'Esprit et expérimentons sa liberté.

Galates 5:16–26 réunit les deux fils conducteurs de l'enseignement sur la pureté. Notre responsabilité, dans la dépendance de la force que nous donne l'Esprit, est de résister aux désirs égocentriques de la chair. Le don gratuit de Dieu, dans l'Esprit, est un changement de nature.

Ces deux aspects de la purification ne doivent pas être séparés. Ceux qui se concentrent trop sur la «crucifixion de la chair» ont tendance à devenir légalistes, plus concernés par des détails de principe que par l'amour de Christ. Ceux qui, de leur côté, mettent trop l'accent sur le fruit, en pensant qu'il suffit d'attendre qu'il grandisse, ont tendance à être légers par rapport au péché. Ils peuvent perdre en partie la conscience du fait que Dieu a horreur du péché sous toutes ses formes.

La pureté pour le témoignage

Nous avons vu que le ministère principal de l'Esprit est de glorifier Jésus. Il travaille à attirer l'attention du monde sur Jésus, à convaincre les incroyants de péché, de justice et de jugement et à attirer les pécheurs vers l'amour et la grâce de Dieu.

De la même manière que le but principal de la puissance de l'Esprit est de convaincre les gens de la vérité en ce qui concerne Jésus, le but principal de la pureté de l'Esprit est de montrer aux gens la vraie nature de Jésus.

Nous sommes appelés à être purs et avons reçu le don de la pureté de l'Esprit afin que les incroyants autour de nous

La pureté de l'Esprit

puissent voir Jésus et être attirés à lui. Mais aujourd'hui, il y a trop souvent un décalage entre ce que les chrétiens disent et ce qu'ils font: le monde considère que c'est de l'hypocrisie.

Il y a peu de choses qui peuvent détourner les gens de Dieu plus rapidement que les chrétiens qui vivent dans le péché, notamment ceux qui prétendent être meilleurs que ce qu'ils sont en réalité. Et il y a peu de choses qui attirent à Jésus plus efficacement que des vies ordinaires qui rayonnent de l'amour de Dieu et révèlent le caractère de Christ.

La pureté, comme la puissance est destinée au témoignage. Ce n'est pas pour nous-mêmes que l'Esprit opère la purification dans nos vies, mais pour Christ et pour le monde. Le ministère de l'Esprit se concentre essentiellement sur le fait de convaincre le monde de la vérité au sujet du péché et de la justice. Il est «Le Témoin» et il nous appelle à ajouter notre témoignage au sien afin que le monde puisse croire en Jésus.

Le fruit de la sainteté doit exister dans nos vies si nous voulons que notre évangélisation soit efficace. Notre manière de vivre contribue de manière vitale au ministère de l'Esprit de convaincre les gens de leur péché et de les convaincre de la vérité qui concerne Jésus. Mais notre pureté, notre consécration sans mélange pour Jésus doit être jumelée à la toute puissance de l'Esprit.

Nous ne pouvons pas choisir entre la puissance et la pureté. C'est soit les deux soit ni l'une ni l'autre. Bien sûr, certains chrétiens semblent se concentrer seulement sur la puissance ou sur la pureté, mais cela comporte un grand danger. Une exagération dans le domaine de la puissance peut conduire à l'esprit de Simon le magicien et d'autre part le fait de trop se concentrer sur la pureté peut conduire au légalisme sans joie des Pharisiens.

Dans Matthieu 23:23 et Luc 18:9–14, Jésus a condamné les Pharisiens parce que leur cœur n'était pas droit devant Dieu. Les Pharisiens avaient commencé leur existence comme un groupe de gens offensés par le paganisme et l'immoralité

Connaître le Saint-Esprit

de leur culture. Ils avaient poursuivi le désir de revenir à des standards divins de pureté et de morale. Mais ce qui avait commencé dans la sainteté, la dévotion à Dieu, dégénéra en légalisme et en hypocrisie. Ils s'étaient concentrés sur la pureté et avaient oublié la puissance de Dieu. Ils s'étaient concentrés sur les règles et ne connaissaient pas le cœur de Dieu. Ils étaient pleins de jugement et de propre justice.

Nous devons nous garder de cela aujourd'hui. Non seulement cela déplaît à Dieu, comme ce fut le cas pour Jésus avec les Pharisiens, mais cette attitude hypocrite met aussi les gens dehors. Jésus a souvent parlé contre le légalisme des chefs religieux de son temps, mais, comme le montre Marc 12:37, «une grande foule l'écoutait avec plaisir». Le Saint-Esprit semble susciter une nouvelle vague de pureté dans l'église et Satan essayera de la corrompre par cette sorte de moralisme et de légalisme.

Il est triste de constater que beaucoup de chrétiens n'ont pas compris notre besoin d'être libérés de la loi – par conséquent certains d'entre nous vivons dans une sorte de zone grise, quelque part entre la loi et la grâce, mais sans jouir des bénéfices ni de l'une ni de l'autre. Or nous ne pourrons jamais pleinement apprécier les bénédictions de la grâce et de la miséricorde de Dieu tant que nous ne nous verrons pas nous-mêmes. Or, c'est sur le fond de la loi que notre image ressort le mieux. Lorsque nous voyons combien la loi nous a rendus esclaves et nous a condamnés, nous pouvons apprécier à quel point la grâce de Dieu nous a délivrés et quelle gratuité nous a été offerte par son pardon.

Nous devons donc nous assurer, contrairement aux églises de Galatie, de ne pas retomber dans le légalisme. La seule manière d'éviter le légalisme est de céder à l'Esprit et de maintenir avec lui une relation vibrante de vie – car, comme le dit Galates 5:18, si nous sommes conduits par l'Esprit, nous ne sommes plus sous la loi. (Veuillez noter qu'il y a une étude plus exhaustive sur ce sujet de ne pas être sous la loi dans *l'Epée de l'Esprit*, volume onze, intitulé *Le Salut par Grâce*.)

La pureté de l'Esprit

D'une manière ou d'une autre, nous avons besoin de garder un équilibre entre la puissance et la pureté, dans nos vies et nos assemblées. La meilleure manière de le faire consiste à adopter personnellement l'une et l'autre aussi pleinement que possible et d'enseigner ensuite les autres à faire de même.

Chapitre Sept

L'opération de l'Esprit

Nous avons vu que le Saint-Esprit est puissant, il est la puissance de Dieu en action, le saint ouragan que nous ne pouvons ni contrôler ni prédire. Nous savons que nous sommes oints du Saint-Esprit et vivons en lui, qu'il libère et manifeste sa puissance, par nous, à sa manière et en son temps. Nous ne devenons pas puissants, nous vivons plutôt dans le lieu où se trouve la puissance.

Nous avons aussi vu que l'Esprit est essentiellement saint, il est consacré à Dieu et s'est totalement engagé à glorifier Jésus. Nous savons que lorsque nous sommes remplis de lui et que nous marchons avec lui, il libère et manifeste le fruit de sa sainteté, par nous, à sa manière. Nous ne devenons pas purs, nous vivons plutôt dans le lieu où se trouve la pureté.

Cela ne signifie pas que nous n'avons pas de responsabilités. Notre rôle est plutôt celui d'un paysan averti. Il sait qu'il ne peut pas contrôler la météo ni changer le terrain. Mais cela ne signifie pas qu'il ne peut rien faire de son côté. S'il veut faire pousser du bon grain, il sèmera sa semence à un endroit où le sol est fertile et quand le temps est favorable. Ensuite il arrachera les mauvaises herbes et veillera à éliminer les parasites, si nécessaire.

De la même manière, nous savons que nous ne pouvons pas nous rendre puissants, purs ou quoi que ce soit d'autre digne d'intérêt. Si nous voulons glorifier Dieu et participer à sa bonté, nous nous tiendrons dans le lieu le plus favorable et y sèmerons notre vie, et cet endroit est l'Esprit de Dieu. Et ensuite nous aussi, nous nous assurerons de bien éliminer les «mauvaises herbes» et les «parasites» qui tentent de nous étouffer et de nous affaiblir.

Connaître le Saint-Esprit

Bien que ces mêmes principes s'appliquent à tout ce qui a trait à la nature et l'oeuvre du Saint-Esprit, beaucoup de gens ne les appliquent pas au domaine important des dons spirituels. Ils parlent des dons comme s'ils les possédaient, les utilisaient, les dirigeaient ou les contrôlaient.

Il est faux et sera toujours faux de dire que nous «utilisons» les dons spirituels, car c'est Dieu qui nous utilise pour manifester ses dons. Les dons ne sont pas une capacité de faire quelque chose, mais l'œuvre de l'Esprit par nous. Ils relèvent de l'énergie de l'Esprit et non de l'activité du croyant.

Certains pensent que chaque croyant a reçu un don spirituel qui devient alors son ou sa «chose» spéciale. Des questionnaires ont même été établis avec une compilation de tous les dons pour aider les gens à découvrir «leur» don. Toutefois dans 1 Corinthiens 12:7, le verbe grec *didomi*, «donner», est conjugué au présent continu, ce qui nous montre que les dons ne sont pas accordés par l'Esprit à chaque croyant une fois pour toutes. Au contraire, la transmission du don est une activité continue du Saint-Esprit.

Plus important encore, *di domi* est à la forme passive. Cette construction grammaticale montre que le croyant reçoit cette transmission continue de dons d'une source extérieure à lui-même, celle du Saint-Esprit. Cela signifie que chaque fois qu'un don est manifesté, les croyants impliqués n'ont pas puisé ce don dans leurs propres ressources personnelles mais n'ont fait que transmettre ce qu'ils avaient reçu, sur le moment, par l'Esprit. Ainsi le fonctionnement des différents dons suit exactement les mêmes principes sous-jacents à la démonstration de puissance et au développement de la pureté chez le croyant. Les dons sont une expression de la nature de l'Esprit et nous les découvrirons quand nous serons dans l'Esprit.

Esaïe 11:2 est la description la plus claire du caractère de l'Esprit dans l'Ancien Testament. Elle correspond justement à l'aspect de son caractère qui se reflète dans les dons mentionnés par le Nouveau Testament. Esaïe 11:2 énumère sept attributs de l'Esprit qui trouvent leur expression dans

L'opération de l'Esprit

Esaïe 11:3-5 et dont les conséquences sont décrites dans les versets 6 à 10. Ces attributs ne sont pas des dons donnés occasionnellement mais l'essence même de l'être de l'Esprit. Ils modèleront ceux qui vivent dans l'Esprit et jailliront de leur vie. Nous n'avons pas besoin de transpirer, prier pour obtenir ces attributs, ni de les attendre car si nous avons reçu l'Esprit, nous les démontrerons tout naturellement.

L'Esprit du Seigneur – de *Yahvé*
Cela montre ce que nous savons: l'Esprit est divin. Tous les attributs qui suivent sont des aspects de la divinité de la nature de l'Esprit. Si nous vivons dans l'Esprit, tout ce que nous recevons vient du Seigneur.

L'Esprit de sagesse ou d'habilité, de *hokmah*
C'est la sagesse qui vient de Dieu dans Exode 28:3; 36:1, Deutéronome 34:9; 1 Rois 4:29; Proverbes 2:6; 3:19; 7:4 et 8:1 à 9:12. La sagesse dont il est parlé ici n'est pas une connaissance des faits, mais la capacité d'appliquer cette connaissance de la meilleure manière possible.

L'Esprit de compréhension ou d'intelligence, de *biynah*
Cela est lié à la sagesse dans Exode 35:31; 36:1; 1 Rois 4:29; 7:14 et Ezéchiel 28:4. Il est un Esprit intelligent et nous faisons bien de nous appuyer sur sa compréhension plutôt que sur la nôtre.

L'Esprit de conseil, de *'esah*
Il s'agit de direction, de conduite. Nous utilisons volontiers le mot «impulsion» de nos jours. Nous voyons ce terme dans Psaume 73:24, Proverbes 8:14, 19:20-21, Esaïe 5:19, Jérémie 32:19 et 50:45. Il est l'Esprit qui nous conseille ce que nous devons dire, comment parler, quand agir etc…

L'Esprit de force ou d'autorité, de *geboûrah*
C'est l'autorité de Dieu qui se trouve derrière toutes les paroles et les œuvres de l'Esprit. Si nous prononçons ses paroles à

sa manière, elles auront son autorité. Les paroles que nous apportons dans la crainte, le tremblement et une sainte hésitation sont alors reçues comme une lumière aveuglante ou une chaleur brûlante: elles pénètrent profondément et auront un effet permanent. Les gens ont constamment remarqué au sujet de l'autorité de Jésus qu'elle n'était pas «comme celle des scribes et des pharisiens». Cela était dû à son onction de l'Esprit de *geboûrah*. Le Psaume 71:16 utilise *geboûrah* dans le contexte de prononcer les paroles de Dieu.

L'Esprit de connaissance des faits, de *da'at*
L'Esprit n'est pas seulement sage et intelligent. Il ne donne pas juste de bons conseils. L'Esprit est le Dieu omniscient, à qui l'on ne peut rien cacher. Il connaît toutes les situations. Il sait tout.

L'Esprit de crainte ou de révérence vis-à-vis du Seigneur, de *yirah* de Yahvé. Si l'Esprit est Dieu, il est aussi l'un des membres de la trinité. En tant que tel, il a de la révérence pour Yahvé. Tout ce qu'il fait est destiné à apporter de la révérence pour Yahvé. Toutes les expressions de ses attributs viennent de Dieu et ont pour but de faire augmenter la révérence envers Dieu. Ce principe se trouve dans toutes les Ecritures.

Si nous avons été oints de l'Esprit et si nous vivons dans l'Esprit, nous devrions nous attendre à ce que ces attributs décrits par l'Ancien Testament soient manifestés en nous, par nous et autour de nous. Ces attributs ne devraient pas être mis sur un piédestal au point de nous laisser penser qu'ils ne peuvent être que rarement expérimentés. En fait ils sont «le droit d'aînesse» de tout chrétien et le résultat de l'atmosphère surnaturelle de l'Esprit dans laquelle nous baignons.

L'opération des dons spirituels
1 Corinthiens 12:1–10 est le passage le plus connu sur les dons où le mot grec *charisma* signifie «don de grâce». Toutefois certaines personnes attachent une telle importance aux neufs dons énumérés dans les versets 8–10 qu'ils passent à côté des grandes vérités enseignées plus généralement par ce passage.

Ce texte nous montre que:
- Il y a une variété de *charismata*, mais ils viennent du même Esprit
- Il y a différents ministères, mais ils viennent tous du même Seigneur
- Il y a différentes opérations ou activités, mais c'est toujours le même Dieu qui est à l'œuvre
- Un *charisma* est une manifestation de l'Esprit Les charismata sont donnés à tous
- Les *charismata* sont au bénéfice de tous
- C'est le même et unique Esprit qui opère tous les *charismata*
- L'Esprit distribue ses *charismata* comme il veut.

L'attitude de beaucoup de chrétiens vis-à-vis du Saint-Esprit montre qu'ils ne l'ont pas compris. Ils empêchent ainsi à ses attributs divins de se manifester plus souvent. Dans 1 Corinthiens 14:40, l'expression «que tout se fasse» peut être traduite par «que tout se passe» ou «arrive» plutôt que «se fasse». En effet nous ne créons pas les dons, nous ne les mettons pas nous-mêmes en opération. Nous faisons de la place à l'Esprit pour qu'il les donne.

Nous sommes des canaux pour les attributs de l'Esprit et non un réservoir qui les contiendrait. Nous sommes une éponge dans le baptistère de l'Esprit, et non une tasse de thé qui a périodiquement besoin d'être remplie. Nous avons libre accès à tous les *charismata*, selon les besoins, parce que nous possédons leur source – l'Esprit – ou plutôt parce que c'est lui qui nous possède.

1 Corinthiens 12:8–10 définit neuf *charismata*. Ils ne sont pas extérieurs à l'Esprit qui nous les transmet. Il s'agit de manifestations de l'Esprit en tant que facettes de son caractère. Elles font partie de sa nature et c'est pourquoi elles dirigent l'église vers Christ.

Connaître le Saint-Esprit

- ◆ Une parole de sagesse – c'est la capacité surnaturelle d'appliquer une révélation ou de comprendre comment résoudre un problème ou venir en aide dans une situation. Nous n'obtenons pas cette sagesse par l'expérience ou la formation, mais en entrevoyant la sagesse de l'Esprit.

- ◆ Une parole de connaissance – c'est la révélation surnaturelle de faits sur une personne ou une situation. Nous n'apprenons pas ces informations par notre pensée naturelle, mais en accédant à un fragment de la connaissance de l'Esprit.

- ◆ Les dons de guérisons – c'est la capacité surnaturelle de savoir qui Dieu veut guérir, comment et quand, pour la gloire de Dieu. Il ne s'agit pas d'une capacité que nous possédons en permanence mais plutôt un chemin où nous progressons dans notre partenariat avec l'Esprit.

- ◆ La foi – c'est un sursaut surnaturel de confiance, venant de l'Esprit, dans la capacité de Dieu de faire quelque chose d'apparemment impossible, et de le faire comme il veut.

- ◆ Les miracles – c'est l'opération surnaturelle d'une puissance miraculeuse chez une personne, par l'Esprit, quand Dieu choisit de faire irruption dans l'ordre naturel des choses.

- ◆ La prophétie – c'est la réception surnaturelle, de la part de l'Esprit, d'un message de Dieu pour un individu ou un groupe de personnes.

- ◆ Le discernement des esprits – c'est un éclairage surnaturel, donné par l'Esprit, qui permet d'identifier l'esprit qui se trouve derrière une parole, une action, une circonstance ou une personne.

- ◆ Cette lumière qui permet de séparer le noyau du

L'opération de l'Esprit

message prophétique de Dieu de l'enveloppe humaine qui l'entoure.

◆ La diversité des langues – ce sont les paroles données par l'Esprit pour prier Dieu dans une langue qui n'a pas été apprise. Cela nous libère pour prier avec notre esprit plutôt qu'avec notre intelligence.

◆ l'interprétation ou l'explication des langues – c'est la révélation surnaturelle donnée par l'Esprit de la teneur de ce qui a été prié en langues par quelqu'un.

Ces dons spirituels, dons de la grâce de Dieu sont importants. Ils sont des outils faits pour nous aider à accomplir la tâche de glorifier Christ dans le monde. Ce sont des manifestations surnaturelles de l'Esprit. Le Saint-Esprit met ces dons à la disposition de tout croyant qui vit en lui, afin que le royaume de Dieu puisse être promu.

Mais il s'agit de *dons de grâce*, non de récompenses. Ils ne prouvent rien, sinon la grâce de Dieu, l'essentiel de sa nature, ainsi que la réalité et le caractère de l'Esprit.

Les neufs *charismata* énumérés dans 1 Corinthiens 12 sont des exemples des manifestations de l'Esprit mais n'en constituent pas la liste exhaustive. Nous devons aussi garder à l'esprit les dons suivants:

◆ Il y a d'autres *charismata* bien connus dans Romains 12:6–8 et Ephésiens 4:8–11

◆ Il y a des *charismata* moins bien connus dans 1 Corinthiens 1:7; 7:7; 13:3; 1 Timothée 4:14;

◆ 2 Timothée 1:6 et 1 Pierre 4:9–10

◆ Le mot *charisma* est utilisé pour décrire l'œuvre de Dieu dans Romains 5:15–16; 6:23 et 11:29

◆ Il y a des dons évidents, comme celui de conduire la louange, qui ne sont pas mentionnés dans le Nouveau Testament.

Connaître le Saint-Esprit

Beaucoup de ces dons sont des mises en valeur surnaturelles de nos capacités naturelles, mais les dons de 1 Corinthiens 12 sont habituellement entièrement nouveaux. De toute manière, par ces dons, l'Esprit nous rend capables de faire quelque chose de beau et significatif pour Dieu.

L'Esprit choisit la manière de manifester ses attributs en se servant de chaque croyant. Romains 12:3, Hébreux 2:4 et 1 Corinthiens 12:11 illustrent la souveraineté absolue de Dieu dans ce domaine. Toutefois 1 Corinthiens 12:31, 14:1 et 14:12 montrent que nous avons besoin de cultiver le désir d'être utilisés par Dieu, que nous devons être prêts à participer à l'édification des autres, et d'accord de le faire. Il s'agit donc d'un partenariat. Nous devons «semer» nos vies au bon endroit, c'est-à-dire en lui et nous devons arracher les mauvaises herbes et ôter les parasites lorsque cela est nécessaire. Mais nous devons aussi dépendre de sa chaleur, de son eau et de sa puissance, en toute occasion.

Les dons spirituels ne représentent pas la totalité de l'œuvre de l'Esprit. L'opération ou la performance n'est pas l'essentiel dans la vie de l'Esprit. Dans une assemblée ou chez un individu, le grand nombre de dons qui se manifestent n'est pas une preuve d'une maturité spirituelle ou de fruit spirituel. Matthieu 7:21–23 nous montre deux choses: d'une part, ces dons ne prouvent pas que nous sommes agréables à Dieu et d'autre part ils ne garantissent pas notre salut ou notre récompense. La première lettre de Paul à l'église de Corinthe les félicite de leurs dons mais les réprimande sur leur immaturité, leur péché et leur manque d'amour. La présence des dons sans la grâce, des *charismata* sans le caractère et de la performance spirituelle sans la présence de l'Esprit détourne l'objectif de l'Esprit pour l'église.

Bien sûr, l'Esprit quant à lui veut que nous fassions bon usage de ses dons et c'est pourquoi il nous les donne. Mais il veut que nous manifestions ses dons à sa manière et sur son incitation. Ainsi nous devrions nous concentrer sur la glorification de Christ et le fait de suivre les impulsions de l'Esprit. Nous devons préférer l'obéissance à la performance et vivre dans l'Esprit, afin que notre opération des dons soit pour l'Esprit.

L'exercice des ministère du corps

Jusqu'à une époque récente, l'église a estimé que seuls quelques chrétiens étaient équipés pour le ministère. On pensait que le clergé masculin à plein temps et quelques rares autres individus étaient les seules personnes que Dieu voulait utiliser pour aider, enseigner et atteindre les autres.

Cette interprétation provenait en partie d'une virgule mal placée dans la version officielle de la Bible anglaise dans Ephésiens 4:12 après le mot «saints», qui laissait entendre exactement le contraire de ce que Paul veut dire ici. Son intention était de dire que les apôtres, les prophètes, les évangélistes, les pasteurs et les enseignants étaient en fait là pour préparer le peuple de Dieu à faire l'œuvre de Dieu et le servir.

Ces dernières années, toutefois, l'Esprit de vérité a utilisé des traductions de la Bible plus précises pour restaurer et rendre à l'Eglise la vraie signification d'Ephésiens 4:12, à savoir que chaque membre du corps de Christ a un ministère vital et que la première fonction des leaders de l'Eglise est d'équiper les saints pour l'œuvre du ministère plutôt que de la faire à leur place. La vérité centrale exprimée ici est premièrement que le corps de Christ est appelé à faire le travail ou le ministère de Christ. Deuxièmement, les leaders sont appelés à équiper le corps en vue de ce travail. Mais dans tout ce processus, c'est l'Esprit qui donne, rend capable et revêt de puissance chaque membre du corps de Christ pour qu'il exerce le ministère de la manière que lui, l'Esprit, a choisi.

Nous devons reconnaître que certaines personnes ont été appelées d'une manière spéciale à l'œuvre de la prédication et de l'enseignement. Nous devons également ne pas ignorer une autre vérité: les leaders et les prédicateurs devraient motiver, former et libérer les saints dans le ministère du corps de Christ. Nous approfondissons ce principe selon lequel chaque chrétien est appelé à faire l'œuvre de Christ dans *L'Epée de l'Esprit*, volume cinq, *La Gloire dans l'Eglise*.

Et nous devons aussi souligner le fait que l'Esprit donne souvent des dons aux croyants qui n'ont aucun rapport ni aucune ressemblance avec les capacités qui étaient les leurs avant leur conversion. Toutefois nous devons insister sur le fait que beaucoup de dons, comme celui de l'enseignement, sont souvent des capacités ordinaires, mises en valeur par l'Esprit.

L'Esprit a un rôle à donner à tous. Il veut que nous puissions tous prendre part au ministère. Son désir est que nous puissions transmettre la parole de Dieu aux autres et que nous les aimions. Mais le cœur de son ministère est de révéler Jésus en le faisant mieux connaître, en apportant la gloire à Dieu et en remplissant nos vies de sa pureté et sa puissance.

Les dons spirituels et les ministères du corps sont les moyens d'atteindre un but plus grand et non les objectifs à poursuivre. Ils sont la conséquence de l'œuvre de l'Esprit, non pas son rôle principal. L'Esprit veut très certainement utiliser ces choses pour révéler Jésus. Mais il veut surtout que nous saisissions son cœur afin de pouvoir partager ses objectifs. Il ne veut pas que nos yeux se détournent de Jésus par un intérêt pour les structures et les petits détails.

L'accomplissement des activités chrétiennes

Ces vingt dernières années il y a eu une multiplication extraordinaire des activités chrétiennes. Les églises ont été inspirées par le Saint-Esprit à atteindre leur milieu social pour Dieu par toutes sortes d'activités caritatives.

Beaucoup d'œuvres ont débuté parmi les personnes âgées et les mères célibataires. Des projets ont été lancés pour venir en aide aux chômeurs, aux handicapés, aux personnes immobilisées dans leurs maisons et aux sans abris. De nouvelles entreprises ont démarré. Des compagnies d'artistes ont vu le jour. Et beaucoup d'assemblées, suite à la prière, ont développé leur adoration dans un style plus créatif et contemporain.

La plupart de ces aventures ont été suscitées par l'Esprit qui est l'agent de Dieu pour le changement. Pratiquement toutes ces œuvres ont commencé dans le but de révéler l'amour et la puissance de Christ à un monde brisé.

Toutefois Satan essayera de corrompre les chrétiens et les détourner quand ils sont impliqués dans ce genre de projets. Il nous tentera de faire de ces activités une fin en soi au point que nous soyons plus concernés par la performance que par le fait de plaire à Dieu.

Le problème, chaque fois qu'on met l'accent sur la performance, qu'il s'agisse de dons, de ministères ou d'activités, c'est que Dieu est toujours plus concerné avec l'intérieur qu'avec l'extérieur, avec l'éthique qu'avec l'activité, avec les motifs qu'avec les œuvres.

Ce qui compte, c'est d'être comme Jésus. Des passages tels que Philippiens 2:1-11 et Romains 12:1-3 nous rappellent que la soumission à Dieu et la sensibilité les uns aux autres sont d'une importance vitale.

Certaines prières de Paul montrent comment il intercédait pour que nous soyons remplis de la connaissance, la force et la pureté sans tache. Mais il ne priait pas pour que nous fassions des exploits extraordinaires: 2 Corinthiens 13:9; Ephésiens 1:17-18; 3:14-19; Philippiens 1:9-11, Colossiens 1:9-11; 1 Thessaloniciens 3:12-13; 2 Thessaloniciens 1:11-12 et Philémon 6.

Il est terriblement tentant de mesurer l'œuvre de l'Esprit en nous par le nombre d'activités dans lesquelles nous sommes impliqués ou par notre talent ou notre succès dans l'accomplissement de ces activités. En vérité, la seule mesure acceptable de l'œuvre de l'Esprit en nous est le degré auquel nous avons permis à son fruit de se développer. Toute activité authentiquement inspirée de l'Esprit est un acte humble de service envers Dieu. C'est la seule importance de ces activités: exprimer sa *hagiasmos*, sa sainteté ou sa consécration. Nous ne devrions jamais penser ou laisser entendre que les actions coup de théâtre ou qui forcent l'admiration, qui sont publiques ou impressionnantes sont plus importantes que les actions moins grandes ou plus discrètes.

Nous sommes condamnés à être spirituellement désillusionnés si nous n'avons pas pleinement réalisé que la préoccupation de l'Esprit est de nous aider à mieux connaître Jésus et à le faire mieux connaître aux autres. Si nous sommes préoccupés par quelque chose d'autre que cela, nous devons nous demander si nous sommes vraiment dans l'Esprit.

Chapitre Huit

La présence de l'Esprit

Nous avons vu que lorsque nous sommes oints, remplis et baptisés dans l'Esprit, nous commençons à vivre dans le Saint-Esprit. Notre réception de l'Esprit n'est pas une fin en soi mais le commencement d'une nouvelle manière de vivre qui est vécue dans, et avec le Saint-Esprit.

Nous avons aussi vu que lorsque nous restons au bon endroit, dans le baptistère de l'Esprit, des aspects de sa nature et de son caractère commencent à se révéler en nous et que nous commençons à être remodelés selon sa ressemblance.

Peu à peu nous expérimentons et manifestons la puissance de l'Esprit. Nous commençons à participer à sa sainteté et à vivre dans sa pureté. Divers attributs de son caractère, sa sagesse, sa connaissance, sa foi et sa puissance nous sont révélés comme des dons de grâce venant de lui.

Toutefois, nous avons aussi vu que notre expérience et le fait que nous manifestions sa puissance, sa sainteté et ses attributs ne sont pas une fin en soi. Nous ne goûtons pas à sa puissance pour devenir puissant, ni à sa sainteté pour devenir pur, ni à ses attributs pour être doué. Non, si nous connaissons ces choses, c'est parce que nous sommes dans sa présence et c'est dans le but que nous puissions mieux connaître Jésus et le faire connaître autour de nous. Toute autre pensée à ce sujet, toute autre manière de comprendre les choses serait se moquer de la nature et du ministère de l'Esprit.

L'Esprit libère la puissance de Dieu dans nos vies, c'est merveilleux. L'Esprit nous transforme par la pureté de Dieu, c'est glorieux. Nous recevons des aspects de sa nature comme des dons de grâce, c'est extraordinaire. Mais ces trois expériences ne sont que de simples signes ou ne sont que les arrhes d'une œuvre beaucoup plus significative de l'Esprit. Lorsque nous le recevons et que nous continuons à vivre en lui et à marcher avec lui, il apporte la présence même de Dieu dans notre vie personnelle et communautaire.

Médiateur de la présence divine

Le fait d'apporter ou d'être le médiateur de la présence de Christ dans l'église est l'essence, le cœur, le noyau et le point focal de l'œuvre de l'Esprit. C'est à cette activité fondamentale que doivent être reliées toutes les autres activités, revêtement de puissance, purification et équipement, si nous voulons qu'elles soient bien comprises.

La stratégie divine et unique de l'Esprit, derrière toutes les facettes de son œuvre, consiste à faire connaître la présence personnelle du Seigneur ressuscité, le Jésus de l'histoire et le Jésus du ciel, dans l'église et dans les croyants individuellement.

Lorsque nous marcherons avec le Saint-Esprit, lorsque nous expérimenterons la présence de Jésus apportée par l'Esprit, nous aurons la puissance de résurrection de Jésus, sa sainte pureté, sa nature divine et ses dons.

Depuis la Pentecôte, l'Esprit est présent avec les croyants. Il les a transformés afin de leur révéler Dieu plus clairement et les aider à changer eux-mêmes pour qu'ils révèlent Dieu plus clairement autour d'eux, afin que Christ puisse être mieux connu et loué.

Nous savons que tous les aspects de l'œuvre de l'Esprit sont préfigurés dans l'Ancien Testament. Des passages comme le Psaume 139, Jérémie 23:23–24 et Amos 9:2–5 décrivent la présence universelle de Dieu. Ils soulignent que Dieu est présent partout, de telle manière que nous ne pouvons pas échapper à sa présence. Mais il y a des exemples où Dieu est présent avec des personnes pour les bénir d'une manière spéciale.

Genèse 39:2, Exode 3:12; 33:14–16, Deutéronome 31:6–8, Josué 1:5, 9 et Esaïe 43:2–5 sont tous des passages qui décrivent Dieu en train d'être avec des gens particuliers ou promettant

La présence de l'Esprit

d'être avec eux, d'une manière qui les rend capables d'être forts et courageux.

Cette préfiguration est accomplie en Jésus qui est présenté par Matthieu 1:23 comme l'ultime «Dieu avec nous», l'*Emmanuel* d'Esaïe 7:11-16.

Dans son Evangile, après avoir décrit Jésus dans sa puissance et sa justice, Matthieu conclut au chapitre 28 verset 20 en revenant à l'idée initiale de Jésus en tant qu'Emmanuel, «Dieu avec nous».

Les Ecritures montrent que Jésus est «Dieu avec nous». Sa présence est la présence de Dieu. Pourtant Jésus a disparu peu de temps après avoir fait cette promesse contenue dans Matthieu 28:20 et n'a pas été présent dans la chair sur la terre depuis son ascension. Alors comment cette promesse sera-t-elle réalisée? Comment Jésus est-il «Dieu avec nous» aujourd'hui?

Sa promesse d'être avec nous a été accomplie par la venue du Saint-Esprit, le *Parakletos*, l'autre exactement comme Jésus. Physiquement, Jésus est à la droite du Père dans le ciel jusqu'au jour où il reviendra. Mais spirituellement il est présent sur la terre dans la personne du Saint Esprit.

Jean 14:23 est une promesse extraordinaire, dans laquelle Jésus garantit un degré d'intimité avec le Dieu trinitaire qui n'avait jamais été expérimenté depuis le jardin d'Eden. Pourtant, cette promesse a été donnée immédiatement après que Jésus a promis de ne pas laisser ses disciples orphelins mais de leur donner un autre *Parakletos*, l'Aide qui serait exactement comme lui.

Dans Jean 14:23, Jésus enseigne sur le Saint-Esprit. Jésus dit que l'Esprit apportera la présence même du Père et du Fils aux croyants. Dans l'Esprit, toute la trinité va faire sa demeure, établir sa résidence permanente sur la terre dans les disciples humains de Jésus. Cela signifie que lorsque nous vivons dans et par l'Esprit, nous vivons dans la présence du Père et du Fils.

La présence de Jésus

2 Corinthiens 3:17-18 montre à l'évidence que Jésus vient en nous par le Saint-Esprit. Ce passage ne confond pas le Saint-Esprit avec Jésus, il explique plutôt que nous connaissons la présence de Jésus par une relation vivante et vitale avec l'Esprit. Il en est de même dans des passages comme Romains 8:9, Galates 4:6, Philippiens 1:19 et 1 Pierre 1:11 qui établissent une équivalence entre l'habitation de l'Esprit et l'appartenance à Christ.

Tout ce que Jésus dit ou fait par nous est accompli par l'Esprit parce que Jésus est présent par l'Esprit. La présence de l'Esprit est la présence de Christ, et vice versa. Cela signifie que nous nous engagerons à développer et à maintenir une relation avec le Saint-Esprit si nous voulons sérieusement connaître Jésus de mieux en mieux.

La manière la plus simple d'appréhender le ministère de l'Esprit consiste à le comprendre en terme de médiation de la présence de Christ pour nous, sachant que toutes ses œuvres et ses activités font partie de cette médiation. Il nous donne une connaissance si profonde de la présence de Jésus avec nous que les trois choses exposées ci-dessous se passent sans arrêt:

La communion, expérience personnelle de sa présence.

Dans Jean 16:12-14, Jésus explique comment l'Esprit prendra de ce qui est à Jésus et nous le fera connaître. Il nous conduira dans les voies de Jésus et nous enseignera les vérités de Jésus. Il ne communiquera pas ses propres pensées, il communiquera plutôt ce qu'il entend et reçoit de la part du Seigneur Jésus.

Les premiers disciples de Jésus ont marché et parlé avec le Seigneur. Ils ont écouté sa voix, appris de ses actions et de ses paroles, senti son amour et vécu dans une communion proche avec lui.

Cette communion intime avec Jésus continue encore aujourd'hui alors que nous expérimentons sa présence par le Saint-Esprit. Lorsque nous écoutons l'Esprit, nous entendons

La présence de l'Esprit

les paroles et la voix de Jésus nous rappelant son amour et nous guidant dans nos pensées et nos actions. On peut l'observer dans Apocalypse 2 et 3 où le message personnel de Jésus est «ce que l'Esprit dit aux églises.»

Nous n'entendons pas Jésus de manière audible. Au lieu de cela c'est l'Esprit qui nous parle de diverses manières:

- ◆ Par les Ecritures
- ◆ Par les autres croyants
- ◆ Par la création de Dieu
- ◆ Par les dons spirituels
- ◆ Dans notre esprit intérieur

La transformation personnelle dans sa présence

Jusqu'à un certain point, nous sommes tous influencés par les gens avec lesquels nous passons beaucoup de temps. Il en est de même avec Jésus. Plus nous passons de temps dans sa présence, dans l'Esprit, plus nous lui ressemblons. Plus de temps nous passons à écouter ses paroles, plus elles contrôlent nos pensées etc… Nous pouvons voir cela dans 2 Corinthiens 3:18.

Lorsque nous nous immergeons dans les quatre Evangiles, en contemplant Jésus pour saisir le sens de ses attitudes et ses motivations, nous pouvons commencer à comprendre comment nous devrions nous-mêmes penser et nous conduire. Mais cela ne peut rester qu'un mécanisme intellectuel, un travail sur nos concepts, un changement de nos idées. Mais nous n'aurons pas commencé à être transformés avant d'avoir été dans la présence même de Jésus, avant que Jésus soit en nous par son Esprit. Ce n'est qu'à partir de ce moment là que nos motifs seront épurés et notre volonté remplie d'énergie.

Nous avons vu comment le ministère de Jésus a suivi plusieurs lignes directrices. Il a appelé les gens à lui obéir en tant que roi, à dépendre de lui en tant que Sauveur, à suivre sa vie parfaite et à l'adorer en tant que Dieu saint. Dans l'Esprit,

Jésus est présent en nous et avec nous dans tous ces aspects de sa nature et de son ministère.

- ◆ Le «Roi des rois», le vainqueur du diable, celui qui règne sur la maladie, le Juge de toute la terre est avec nous. Nous vivons dans sa présence. Il n'y a rien, dans ce que nous faisons ou pensons, qui lui échappe. Par l'Esprit, le roi nous parle.

- ◆ Le «serviteur souffrant» de l'humanité, le berger qui donne sa vie pour ses brebis, le substitut taché de sang qui a supporté la colère de Dieu à notre place, est avec nous. Par l'Esprit, le serviteur souffrant donne en exemple sa vie et sa mort sacrificielles.

- ◆ «L'Etre humain idéal», le parfait exemple de l'humanité, la vie modèle pour toute l'humanité, l'ami sympathisant des pécheurs, est avec nous. Dans l'Esprit, nous vivons avec lui et il vit avec nous. Par l'Esprit, le Fils de l'homme nous montre qu'il comprend vraiment nos faiblesses mais il nous accepte toujours et nous presse de le suivre de plus près encore.

- ◆ Le glorieux porteur de lumière, le Fils de Dieu qui apporte la vie, la Parole de Vie, la révélation complète du Père invisible, est avec nous dans l'Esprit. Par l'Esprit le Dieu vivant est en communion avec nous. Cela doit faire une différence dans nos vies. Comment quelqu'un peut-il être en présence de Jésus de cette manière sans en être transformé?

L'assurance personnelle de sa présence.
Romains 8:16 promet que le Saint-Esprit nous aidera à réaliser que nous sommes enfants de Dieu, héritiers de Dieu et cohéritiers de Christ.

La présence de Jésus en nous et avec nous par l'Esprit est la seule preuve dont nous avons besoin qui que nous soyons, que nous sommes acceptés et aimés par Dieu. La présence de

La présence de l'Esprit

l'Esprit est le sceau qui nous assure que nous avons bien été pardonnés, que nous avons été rachetés, que nous avons été réconciliés et accueillis dans la famille de Dieu.

Dans Genèse 8:9–14, la colombe a apporté à Noé l'assurance que Dieu ne l'avait pas oublié. La présence de la colombe était la révélation de l'espérance et de la promesse. La descente de l'Esprit au moment du baptême de Jésus «sous la forme corporelle d'une colombe» était en relation avec la voix qui a donné à Jésus l'assurance de sa filialité, de l'amour du Père et son plaisir divin en lui.

Hébreux 10:14–15 fait aussi ressortir cette œuvre de l'Esprit à la manière de la colombe pour nous communiquer l'assurance. Nos doutes devraient fondre quand l'Esprit nous révèle la présence de Dieu.

Nous découvrons que nous savons parce que nous savons. Une profonde et inébranlable conviction que nous sommes adoptés nous saisit, une certitude indestructible de l'amour du Père devient notre expérience et enlève à nos circonstances l'importance que nous leur accordions. Il ne s'agit pas d'arrogance de notre part mais de l'œuvre du Saint-Esprit.

La présence de Dieu

Beaucoup de gens ont une sorte de croyance en un Dieu qui se trouve «quelque part au-dessus de nous». L'évidence du témoignage présent dans la création et la réalité de leur nature déchue contribuent à leur faire penser qu'un être surnaturel quelconque doit bien exister. Ils ne le connaissent pas. Ils ont des idées étranges à son sujet. Mais tout au fond d'eux-mêmes, même si cela ne refait surface que dans une crise, la plupart des gens croient en un Dieu qui est «là».

Des gens dans toutes les religions croient en un Dieu qui est tangible et réel, et ils lui attribuent différents degrés de puissance et de bienveillance. Le christianisme est différent. En plus de notre foi dans le Dieu vivant qui est partout, qui a créé toutes choses et soutient toutes choses, nous proclamons, et cette proclamation est unique, qu'il est là avec nous.

Connaître le Saint-Esprit

Nous savons que Jésus était la révélation parfaite du Dieu invisible et comprenons de ce fait que connaître Jésus signifie que nous connaissons aussi le Père.

Jésus est venu pour nous réconcilier avec le Père, pour «faire le pont» entre Dieu et nous. Jean 14:23 montre de manière particulièrement claire que l'Esprit ne nous révèle pas seulement le Fils mais aussi que par le Fils, il nous révèle le Père. Cela nous montre que la venue de l'Esprit signifie que nous jouissons non seulement de la présence de Jésus, mais aussi de la présence du Père.

Depuis la Pentecôte, l'Esprit s'est préoccupé de révéler la présence de Dieu. Parfois il peut paraître plus populaire de parler de la puissance et de la pureté, mais nous devons comprendre qu'il ne peut y avoir d'œuvre plus importante que celle de révéler la présence de Dieu dans ce monde ténébreux et méchant.

Nous avons vu dans le Nouveau Testament l'accent qui est mis sur la puissance et la pureté du Saint-Esprit. Toutefois, c'est la médiation par le Saint-Esprit de la présence, la parole et l'action de Dieu qui est encore plus soulignée.

Par exemple dans le Nouveau Testament:

- ◆ L'Esprit est toujours présenté comme l'Esprit de Jésus-Christ, le Fils de Dieu, Actes 16:7, Romains 8:9, Galates 4:6, Philippiens 1:19 et 1 Pierre 1:11.

- ◆ L'Esprit que nous recevons est le même Esprit qui était avec et sur Jésus, Luc 314, 18; 10:21, Jean 1:32; 3:34; Actes 10:38.

- ◆ Jésus, le Oint, est celui qui donne l'Esprit, Jean 1:33; 7:37–39; 15:26; 16:7; 20:22, Actes 2:33, 1 Jean 2:20,27

- ◆ La venue de l'Esprit pour les disciples, après que Jésus leur avait été enlevé était pour eux, dans un sens réel, le retour de Jésus, Jean 14:16, 18–21.

- ◆ L'habitation de l'Esprit de Dieu, qui est l'Esprit de Christ, est décrit comme l'habitation de Christ lui- même dans

La présence de l'Esprit

Romains 8:9–11.

◆ L'Esprit est le Seigneur et il nous transforme à l'image du Seigneur, 2 Corinthiens 3:7–18.

Ces passages nous montrent de manière concluante que l'œuvre essentielle de l'Esprit depuis la Pentecôte est la médiation de la présence, de la parole et de l'activité de Dieu.

Ce n'est qu'en saisissant ce principe biblique de base que nous pouvons avoir une compréhension claire de l'Esprit et, pour une bonne part, de la vie chrétienne.

La présence pour la gloire

Dans l'Ancien Testament, l'expression «gloire de Dieu» est utilisée de deux manières. Elle se réfère au caractère de Dieu révélé par lui-même et aussi à une révélation visible de la présence de Dieu. Cela signifie que la gloire de Dieu montre aux gens où Dieu se trouve et à quoi il ressemble. La gloire est la manifestation extérieure de la sainteté absolue de Dieu.

La gloire de Dieu:

◆ Est apparue aux soixante dix anciens sur le Mont Sinaï, Exode 24

◆ Était vue régulièrement dans le tabernacle du désert au moment du sacrifice, Lévitique 9:6–24

◆ Remplissait le temple de Jérusalem, 1 Rois 8:1–11.

Dans le Nouveau Testament, ces aspects de la gloire de Dieu ont été parfaitement accomplis en Christ. Il est à la fois la révélation complète donnée par Dieu de son propre caractère et aussi la révélation la plus claire de la présence de Dieu.

Le mot «gloire» décrit en général la révélation donnée par Jésus de la nature de Dieu par sa grâce et par les miracles. Cela ajoute à l'Ancien Testament le sens d'une démonstration de merveilleuse perfection et de puissance majestueuse. La gloire de Dieu vue en Jésus montre la splendide excellence du Père et la pleine étendue de son autorité et de sa puissance.

Connaître le Saint-Esprit

Depuis la Pentecôte, la fonction de l'église a été de révéler la grande gloire de Dieu dans le monde et au monde. Cela signifie que nous devrions montrer le saint caractère de Dieu au monde et être vus par le monde comme des habitations de Dieu, démontrant la vraie autorité et puissance de Dieu.

Il est évident que nous ne pouvons glorifier Dieu que si nous sommes remplis de sa présence, et cela est le fruit de l'œuvre de l'Esprit.

Lorsque nous prions pour que la gloire de Dieu soit vue, nous demandons que le monde voie sa sainteté, sa grâce et sa puissance. Le monde verra cela en nous par l'œuvre de l'Esprit. Quand le Saint-Esprit apporte la présence de Dieu en nous, Dieu est glorifié dans le monde, par nous.

Sa présence pour le témoignage
Les paroles de Jésus à propos du Saint-Esprit dans Jean 14 à 16 nous présentent l'œuvre de l'Esprit qui consiste à glorifier Jésus. Comme la «gloire» est devenu un mot assez religieux, utilisé surtout dans l'adoration, nous avons parfois oublié que ce mot concerne principalement le témoignage.

Une manière d'illustrer cela consiste à comparer les disciples à la lune. La lune est inanimée mais elle brille glorieusement dans les ténèbres en reflétant la lumière du soleil. La lune est éclipsée quand la terre s'interpose complètement ou partiellement entre le soleil et la lune. De la même manière il y a des ténèbres spirituelles dans l'église quand le monde s'intercale entre le Fils de Dieu et les croyants.

Toutefois le soleil est éclipsé quand la lune s'interpose entre le soleil et la terre. Et il y a des ténèbres spirituelles similaires sur la terre quand les disciples interceptent le faisceau lumineux et bloquent le passage de la lumière du Fils de Dieu au monde, en attirant l'attention sur eux-mêmes au lieu de refléter sa gloire.

Nous pouvons aussi comparer l'Esprit à la lumière d'un projecteur. C'est un merveilleux spectacle de voir un magnifique édifice éclairé de nuit par un projecteur. L'Esprit glorifie Dieu

La présence de l'Esprit

en faisant briller sa lumière sur Dieu et en concentrant toute son énergie sur lui. Lorsque les projecteurs sont bien placés, ils sont complètement invisibles. Nous ne pouvons voir que la lumière qu'ils projettent et la construction qu'ils illuminent.

Quand nous sommes «dans l'Esprit», nous ressemblons plutôt à un technicien de la lumière dans un théâtre. Nous recevons nos instructions du metteur en scène et notre préoccupation est de concentrer les projecteurs sur Dieu. Nous ne pouvons pas fabriquer la lumière et nous pourrions ruiner le spectacle en ne suivant pas les instructions, pourtant nous jouons un rôle en partenariat avec les lumières et le metteur en scène. Et personne ne nous fait de remarque, à moins que nous fassions une faute!

Dans Jean 14–16 tous les différents aspects de l'œuvre de l'Esprit que nous avons examinés sont présents, la puissance, la pureté, la présence, la gloire etc... Mais au milieu de toutes ces choses le cœur d'évangéliste bat puissamment.

Jean 15:26 dit que le *Parakletos* sera témoin de Jésus et que nous serons nous aussi ses témoins. Il est impossible de séparer l'œuvre de l'Esprit du témoignage. Tout ce qu'il fait rend témoignage de Jésus. Tous les changements qu'il apporte dans nos vies sont là pour faire de nous de meilleurs témoins de Jésus, pour lui apporter plus de gloire. L'Esprit nous entoure et nous remplit de sa puissance afin que les gens croient que Jésus est ressuscité des morts. Il nous sature de sa sainteté afin que notre conduite ne soit pas une occasion de chute pour ceux qui nous entourent. Et il apporte la présence de Jésus dans nos vies afin qu'où que nous soyons, nous révélions la nature glorieuse de Dieu.

L'Esprit prend de ce qui est à Christ et nous le fait connaître; et cela apporte de la gloire à Jésus. L'Esprit accomplit ce travail grâce à une relation vivante, vitale et personnelle qu'il cherche constamment à établir avec nous.

Christ sera glorifié en nous quand nous aurons développé et maintenu cette relation avec l'Esprit. Nous connaîtrons Jésus, nous connaîtrons le Père, nous marcherons dans les

Connaître le Saint-Esprit

voies de Dieu, et, le plus important de tout, nous serons de glorieux témoins authentiques et efficaces dans le monde, pour le Seigneur vivant, Jésus.

Chapitre Neuf

Partenariat avec l'Esprit

Nous avons vu que la Bible utilise deux images fondamentales pour illustrer notre relation avec le Saint- Esprit. Tout d'abord, l'Ecriture utilise des expressions comme «baptême», «onction», «être rempli» pour montrer que nous sommes sensés être placés dans l'Esprit par Jésus afin d'être saturés par l'Esprit. Nous sommes ensuite appelés à vivre sans cesse «dans l'Esprit» afin qu'il puisse glorifier Jésus en nous continuellement.

Cette image fait ressortir la dimension communautaire de cette relation, car nous sommes ensemble «dans l'Esprit». Etant «au bon endroit», les attributs de l'Esprit peuvent se manifester en nous et nous transformer à la ressemblance de Christ.

Deuxièmement, les Ecritures décrivent notre relation avec le Saint-Esprit en mettant l'accent sur la dimension personnelle. En présentant l'Esprit comme le *Parakletos*, Jésus montre que l'Esprit est appelé à nos côtés pour être «avec» nous. Ceci souligne la manière dont nous sommes en relation avec l'Esprit en tant que partenaire.

Aucune de ces deux images n'est adéquate à elle seule pour décrire le mystère et la richesse de notre relation avec l'Esprit. D'une manière ou d'une autre nous devons adopter les deux en même temps et nous assurer de faire passer les deux dans notre langage et notre enseignement.

Cela signifie que nous sommes à la fois «dans l'Esprit» et «avec l'Esprit». Nous sommes recouverts, saturés et immergés dans l'Esprit. Mais nous marchons aussi avec lui en partenariat.

A la fin de leurs réunions, les chrétiens utilisent souvent 2 Corinthiens 13:14 pour se bénir les uns les autres. Ce passage est l'un des exemples qui montre que lorsque la Bible parle du Fils, le mot principal est «grâce», que lorsqu'elle décrit le Père, elle met «l'amour» au centre et que lorsqu'elle présente l'Esprit, son mot clef est «communion».

Le mot grec pour communion est *koinonia*, qui signifie «participer ensemble à quelque chose de significatif».

La force de l'idée derrière le mot «communion» a été diluée par la manière dont ce terme a été utilisé dans certains milieux chrétiens. Pour beaucoup de croyants, ce mot ne signifie rien de plus qu'une conversation polie à la fin d'une réunion. Pourtant *koinonia* signifie participer ensemble à quelque chose d'actif et de dynamique.

Koinonia est le mot qui décrit un partenariat qui poursuit un but clair et commun. La communion est active, elle n'est pas passive, elle est dynamique, pas insipide, elle implique la communication, la coopération, la contribution, la direction, l'action et des résultats. Le partenariat *koinonia* ou la communion *koinonia* authentiques ont toujours un but et un résultat.

Il ne suffit pas de dire que nous connaissons le Père et d'insister sur le fait que nous connaissons le Fils si nous ignorons le Saint-Esprit, car c'est essentiellement en connaissant l'Esprit que nous pouvons connaître le Père et le Fils!

L'Esprit est l'Esprit de *koinonia*. Il est le *Parakletos*. Il vient à nos côtés pour créer une relation, un partenariat avec un but. Ensemble, l'Esprit et moi, l'Esprit et vous, nous ferons de notre mieux pour apporter la gloire à Jésus dans notre monde brisé et écrasé.

Développer le ministère de Jésus

Dieu a forgé notre partenariat avec l'Esprit, notre vécu avec l'Esprit, afin que le ministère de Jésus puisse continuer. C'est notre responsabilité de développer cette relation avec l'Esprit afin que le ministère de Jésus puisse devenir plus efficace où que nous soyons.

Partenariat avec l'Esprit

Etre disciple
Vivre effectivement en partenariat «avec» l'Esprit dépend du fait que nous soyons disciples. Les premiers partenaires de Jésus dans le ministère étaient appelés «disciples». Cela signifie que le ministère de Jésus se développera en nous dans la mesure de notre engagement dans une vie de disciple.

Nous avons besoin de suivre l'exemple de Christ en toutes choses, dans notre manière de penser, de parler, de vivre, de prier, dans la compassion, le service, le ministère et la morale. Etre disciple signifie se réjouir dans les persécutions, initier la réconciliation, parler avec simplicité, donner généreusement, aimer ses ennemis, vivre dans l'humilité, rejeter le matérialisme, ne juger personne. Cela signifie nourrir ceux qui ont faim, vêtir ceux qui sont nus, visiter les prisonniers, accueillir les étrangers, réconforter ceux qui sont malades, etc…

Lorsque nous vivons dans l'Esprit, le même Esprit que celui qui était avec Jésus, nous allons nécessairement entendre l'Esprit nous inciter à penser et à agir comme Jésus. Nous sentirons son impulsion paisible de faire ceci, aller là, s'asseoir tranquillement, être silencieux, envoyer un cadeau, dire une courte phrase etc…

La vraie vie de disciple implique aussi d'obéir au grand ordre missionnaire donné par Jésus dans Matthieu 28. Le commandement «suis-moi» dépasse ici le simple appel individuel ou collectif à être comme Jésus; il concerne aussi le fait de faire des disciples. Ce n'est que lorsque nous nous engageons dans cette voie que nous remplissons ce qui est vraiment dans le cœur de Dieu. C'est ainsi que nous devenons des agents de la continuation du ministère de Christ dans ce monde.

Comme il s'agit d'un partenariat authentique, l'Esprit ne nous force pas à lui obéir. Et comme il s'agit d'une relation dans laquelle nous nous sommes engagés, l'Esprit ne nous déserte pas lorsque nous faisons une folie ni lorsque nous commettons un péché. Il est toujours «Dieu avec nous.»

Connaître le Saint-Esprit

Etre guidé
L'Esprit n'a pas commencé à nous guider seulement lorsque nous nous sommes soumis à lui. Il a déjà été au travail, en nous parlant doucement, avant notre régénération. Il est évident que nous nous rapprochons de lui lorsque nous sommes baptisés en lui par Jésus. Nous pouvons penser ce que nous voulons sur ce sujet, mais le fait est que nous entendons tous l'Esprit quand il nous incite à agir, mais nous ne reconnaissons pas nécessairement sa voix et nous ne nous soumettons pas nécessairement à ce qu'il nous demande de faire.

Nous sentons souvent quelque chose au fond de nos pensées et nous ne sommes pas sûr s'il s'agit bien de l'impulsion de l'Esprit ou de nos aspirations naturelles ou d'une confusion diabolique. Parfois nous nous surprenons en train de concentrer toute notre attention sur une certaine personne, à d'autres moments nous sentons que nous devrions parler ou faire quelque chose. Mais il se peut que nous ne sachions quoi faire avec ces impressions.

Si nous vivons avec l'Esprit, dans sa présence, nous devons nous attendre à ce qu'il nous guide et nous dirige de sa voix douce tranquille. Mais il ne nous force pas à lui obéir. Il encourage, il conseille. Il persiste. Mais il n'insiste pas!

Nous devons apprendre à reconnaître sa voix et être capables de la distinguer de nos propres idées et des suggestions du diable. Nous ne pouvons faire cela qu'en agissant suivant ces impulsions intérieures en étant prêts à faire des erreurs et avoir l'air ridicule. Il n'y a pas d'autre méthode pour apprendre. En fait, ce qu'un chrétien peut faire de plus grand et d'unique dans sa vie et son service consiste à se soumettre aux impulsions de l'Esprit.

Dans l'église, l'accent a tellement été mis sur le fait que nos prières devraient être adressées au Père que beaucoup de croyants trouvent difficile de développer une relation intime avec l'Esprit. Certains pensent que l'Esprit peut leur parler mais qu'ils ne peuvent pas eux-mêmes lui parler. Mais nous n'avons

Partenariat avec l'Esprit

pas toujours besoin de nous trouver en train d'intercéder ou de lutter dans la prière avec le Père. Parfois il est juste de simplement converser avec l'Esprit. Certains avancent que nous ne devrions pas prier le Saint-Esprit mais «notre Père qui est aux cieux». Nous devons toutefois nous rappeler que Dieu est une trinité de personnes et que pour cette raison nous pouvons nous adresser à chacun des membres de la trinité divine. La manière caractéristique de prier à laquelle la Bible nous appelle est de prier le Père, au nom de Jésus, par la puissance du Saint-Esprit. Ceci dit, nous pouvons très bien parler à l'Esprit dans notre communion et dans la dépendance de son aide au moment où nous prions. Après tout, il n'y a pas de «formule» dans le domaine de la prière ni dans aucun domaine de la vie de l'Esprit.

Dépendre de l'Esprit
La société d'aujourd'hui nous fait subir une pression telle, que nous nous sentons obligés de donner l'image d'une personne compétente et pleine de succès. Toutefois nous ne faisons de progrès dans la vie spirituelle qu'à partir du moment où nous comprenons que nous ne pouvons rien faire de nous-mêmes. Nous avons été créés pour une relation avec Dieu que nous expérimentons sur la terre dans notre communion avec le Saint-Esprit. Ce n'est qu'en dépendant entièrement de l'Esprit que nous pouvons commencer à exercer le ministère dans l'Esprit.

1 Rois 18 démontre la différence qui existe entre un prophète vraiment rempli de l'Esprit et des faux prophètes. Elie n'a pas essayé de fabriquer un événement quelconque. Il n'a pas fait des étincelles et demandé au peuple de croire que c'était le feu de Dieu. En fait, il a tout fait pour prouver aux gens qu'il n'était pas lui-même la cause du miracle.

Plutôt que de mettre le feu sous le sacrifice, il a répandu des dizaines de litres d'eau par-dessus. Pour autant qu'Elie fut concerné, c'était Dieu ou rien du tout. Par ses paroles et ses actes, Elie s'assurait que personne ne put penser qu'il fut plus que le porte-parole de Dieu agissant sur ses instructions et dépendant de sa puissance.

Dieu ou rien du tout
Comme Elie, nous devons tout faire pour que les spectateurs dans l'église ne puissent pas penser un seul instant que ce qui se passe est le fruit d'une manipulation ou de pressions. Il doit être aussi clair que possible que c'est Dieu ou rien du tout.

Nous pouvons voir cette attitude dans le ministère de Jésus. Lorsque nous lisons les Evangiles, nous voyons que Jésus allait directement vers des individus précis ou qu'il répondait à des demandes. Par exemple dans Jean 5, Jésus n'a pas fait un appel général demandant aux malades qui voulaient la guérison de se manifester. Au lieu de cela, il a écouté l'Esprit et a été directement conduit vers la personne avec laquelle Dieu avait quelque chose à faire.

Pas d'exagérations
L'un des aspects les plus frappants du ministère de Jésus est la manière dont il demandait aux gens de ne parler des miracles qui avaient lieu à personne. Marc 7:31–37 et 8:22–26 révèle le désir de travailler sans créer d'obstacles, ce qui est la marque de l'Esprit humble et qui s'efface lui-même.

Lorsque nous étudions le ministère de Jésus, nous pouvons voir que:

- ◆ Jésus n'a pas utilisé les gens qui avaient été guéris pour faire la publicité de son ministère
- ◆ Il ne les a pas pressés de témoigner dans une tentative d'attirer plus de gens vers son message
- ◆ Il n'a jamais essayé d'impressionner les gens en exagérant l'importance de ce qui s'était passé.

Nous devons faire attention de ne pas faire de fausses déclarations, de ne jamais exagérer les événements et de ne pas jouer avec des expressions telles que «le meilleur» ou «le plus grand», qui reflètent rarement la vérité.

Si nous sommes sérieux dans notre décision de dépendre de l'Esprit de vérité, nous serons caractérisés par son langage humble et direct et nous ne sentirons pas le besoin d'utiliser des méthodes du monde ou de la publicité pour notre propre image qui exagère les faits, ignore les défauts et attire l'attention dans la mauvaise direction.

L'onction de l'Esprit
Dépendre de l'Esprit signifie s'appuyer sur notre onction de l'Esprit par Jésus. C'est ici que le développement du ministère de Christ et la dépendance de l'Esprit se rencontrent car, comme nous l'avons vu, l'onction était cruciale pour le ministère de Jésus.

Les gens sont parfois dans la confusion en ce qui concerne ce mot «onction» car il est utilisé pour décrire toutes sortes d'expériences spirituelles.

Comme nous l'avons vu, il y a:

- Une *onction initiale* quand Jésus nous baptise du Saint-Esprit
- Une *onction continue* qui décrit notre état de croyants qui vivent dans et avec l'Esprit
- Des moments *d'onction spéciale* quand Dieu, par l'Esprit, nous équipe d'une manière particulière pour un besoin particulier, un rôle ou un aspect du ministère.

Une fois que nous sommes remplis de l'Esprit nous sommes oints de *manière continuelle* en persévérant dans cette onction. Toutefois il y aura des occasions dans lesquelles Dieu est avec nous d'une manière spéciale. La vie avec l'Esprit est imprévisible. Il est comme un ouragan qui souffle où il veut et non un Dieu dompté ou mécanique qui fait les choses qu'on attend. Si nous sommes en partenariat avec l'Esprit, nous devons nous attendre à des périodes de calme interrompues par des moments d'activité extraordinaire.

Certaines personnes semblent oublier que l'onction ne nous équipe que pour faire ce que l'Esprit nous demande. Nous sommes oints de l'Esprit lui-même et non d'une capacité particulière. Cela signifie que nous devons être en accord avec lui si nous voulons que l'onction soit efficace.

Actes 18 décrit deux années dans la vie de Paul où il a travaillé à Corinthe comme fabricant de tentes, a tenu des débats à la Synagogue, fondé une église et voyagé à travers la Galatie. Il était oint pendant toute cette période. Il était dans et avec l'Esprit. Mais le récit de ce passage à Corinthe ne nous rapporte pas le moindre miracle. Mais quand Paul est allé à Ephèse, où il est resté de nouveau deux ans, Actes 19:11 précise que «Dieu faisait des miracles extraordinaires par les mains de Paul». Pourquoi y a-t il eu des miracles inhabituels à Ephèse et pas à Corinthe? Pourquoi, lorsque Paul est allé plus tard à Césarée, pour une période de deux ans, n'y a-t-il pas non plus de miracles qui soient rapportés?

Nous pourrions en conclure que Paul ne marchait pas en accord avec l'Esprit à Corinthe et à Césarée. Ou bien nous devons admettre que Paul avait reçu une onction spéciale à Ephèse parce que l'Esprit avait programmé des miracles extraordinaires pour cette ville à ce moment-là.

Discerner le programme de l'Esprit

Dans le ministère, il y a un principe de base selon lequel Dieu ne donne pas sa puissance pour ce qu'il ne fait pas mais pourvoit toujours à la puissance pour ce qu'il fait.

Jésus, qui était pleinement Dieu et qui, en tant qu'homme, avait reçu l'Esprit sans mesure, semble ne pas avoir guéri tout le monde. Les Evangiles laissent plutôt entendre que Jésus guérissait tous ceux qui lui étaient amenés d'une part, et que d'autre part, il apportait la guérison divine à des individus particuliers, en ne tenant pas compte des foules d'autres gens malades autour d'eux. En fait, il ne faisait que ce que le Père faisait. Il suivait avec rigidité le programme de l'Esprit.

Partenariat avec l'Esprit

Nous sommes destinés à la désillusion et à des échecs embarrassants si nous essayons de prendre nous-mêmes l'initiative du ministère ou de suivre nos propres penchants. Nous devons attendre le Saint-Esprit jusqu'à ce qu'il nous donne des instructions précises et une révélation avant de nous lancer dans l'activité du ministère.

Attendre

Connaître la volonté de Dieu est l'un des domaines les plus difficiles de la vie chrétienne. Notre problème n'est pas tant d'obéir à Dieu mais de savoir à quel ordre obéir.

Nous désirons profondément obéir à Dieu. Nous savons que c'est la meilleure chose à faire et que c'est juste. Mais nous ne savons pas toujours ce que Dieu veut que nous fassions. Plutôt que d'attendre une direction, nous présumons que nous savons et nous faisons ce qui nous paraît être la meilleure chose à faire.

Jean 10:16 & 27 sont des promesses que Jésus a tenues. Par l'Esprit, nous entendons effectivement la voix de Christ. Parfois, toutefois, nous ne sommes pas sûrs qu'il s'agit bien de sa voix et non de nos propres pensées ou de tentations démoniaques. D'autres fois, nos pensées sont tellement pleines de pagaille et de distractions que nous ne pouvons pas entendre sa voix clairement. Nous savons qu'il nous parle, mais nous ne pouvons pas saisir ce qu'il est en train de nous dire.

Nous devons attendre Dieu patiemment, en créant une oasis de paix dans nos vies par la méditation de sa parole, avant de commencer à écouter l'Esprit pour recevoir une direction.

Ecouter

Nous devons tous passer plus de temps à la prière d'écoute que nous en passons. Trop souvent nous prenons du temps pour demander à Dieu de faire des choses plutôt que de lui demander ce que nous devrions faire et écouter la réponse qu'il veut nous donner.

Connaître le Saint-Esprit

Une bonne manière d'apprendre à identifier la voix de Dieu consiste à lui poser des questions précises. Nous ne devrions pas avoir peur de demander à Dieu ce que nous devrions faire ou dire. Mais nous devons ensuite agir conformément aux pensées qui nous viennent.

Nous apprendrons à reconnaître la voix de Dieu en agissant sur ce que nous entendons dans notre esprit intérieur. Certaines personnes ont tellement peur de faire une erreur qu'elles ne font jamais rien! Mais d'autres personnes sont tellement confiantes, que toutes les pensées les plus incongrues sont pour elles des instructions divines et elles vont dire ou faire des choses ridicules. Cela signifie que nous devons développer un discernement quand nous écoutons les réponses de Dieu à nos questions.

Avec le temps, nous commençons à reconnaître la manière spéciale dont l'Esprit nous parle. Nous ne devrions jamais cesser de passer du temps seul avec lui; toutefois nous reconnaîtrons toujours plus sa manière d'interrompre nos pensées naturelles lorsqu'il veut que nous parlions à quelqu'un. Certains des moments les plus précieux dans le ministère sont ceux dans lesquels nous faisons confiance à ces pensées soudaines que nous n'avons pas cherchées nous-mêmes.

Dieu se préoccupe de tous les aspects de notre vie. Trop de croyants pensent que le «ministère» est uniquement synonyme de miracles si bien qu'ils ignorent les pensées «ordinaires» que l'Esprit place dans leur esprit. Mais si nous vivons en communion avec l'Esprit nous devons être prêts à nous trouver impliquer dans n'importe quelle activité qui se trouve à son programme, petite, comme des mots ou gestes de réconforts que personne ne verra ainsi que des signes ou des miracles plus en vue.

Demander
Lorsque nous exerçons le ministère en faveur de quelqu'un nous devons écouter Dieu et la personne que nous aidons.

Partenariat avec l'Esprit

Jésus fonctionnait dans le surnaturel autant qu'il travaillait au niveau naturel de l'observation et de la déduction. Il posait des questions normales et naturelles qui l'aidaient dans le ministère. Si Jésus a eu besoin de poser les questions qu'il a posées dans Marc 5:9; 8:23; 9:21, Luc 18:41 et Jean 5:6, nous aurons aussi besoin de les poser.

En plus de ces questions utiles, nous devons toujours demander à Dieu s'il y a quelque chose d'autre que nous avons besoin de savoir. Nous devrions demander à Dieu de nous montrer ce qui se passe, ce qui a causé le problème, ce qu'il veut que nous fassions, etc... Cet aspect est examiné dans le livre *Exercer le ministère dans l'Esprit de l'Epée de l'Esprit*. L'Esprit peut nous donner une image ou une parole à transmettre, nous suggérer de dire quelque chose ou placer une question dans nos pensées. La cause du problème exposé par la personne est souvent évidente de par la situation, mais parfois nous avons besoin que Dieu nous révèle si ce problème est d'ordre physique, émotionnel, spirituel, démoniaque, héréditaire ou s'il relève d'une malédiction. Si Dieu ne nous dit rien, c'est que nous avons toutes les informations nécessaires déjà à notre disposition.

Nous devons dépendre de l'Esprit. Nous devons écouter ses instructions. Si nous nous surprenons à dire et faire les mêmes choses que la fois précédente, il y a beaucoup de chances pour que nous soyons en train de nous appuyer sur nos expériences plus que sur l'Esprit!

Une fois que nous avons posé toutes les questions pertinentes, nous ne nous tournons pas vers un livre pour y trouver la solution appropriée. Nous nous tournons vers notre partenaire, le Saint-Esprit, pour recevoir sa direction.

Démonstrations de l'Esprit

Lorsque nous sommes en partenariat avec l'Esprit, nous partageons sa vocation de glorifier Jésus et lui rendre témoignage. Parfois, nous serons appelés à exercer le ministère dans une réunion mais nous serons habituellement dirigés à exercer le ministère dans notre vie quotidienne.

La plupart des gens recevaient le ministère de Jésus quand il était en voyage. D'autres étaient guéris par lui dans leur lit, dans un jardin, lors d'un enterrement, d'un repas etc… C'était la même chose dans la première église. Les gens étaient touchés dans la rue, sur le chemin parcouru pour aller à une réunion de prière, dans les maisons, en privé, dans la campagne et lors de rallyes d'évangélisation en plein air.

Dieu semble prendre un grand plaisir à exercer le ministère le long des routes, dans le cours de la vie quotidienne, en aidant des exclus de la société, qui ne mettent jamais les pieds dans une réunion d'église. Nous devrions nous rappeler de cela si nous voulons participer aux «choses plus grandes» promises par Jésus.

Lorsque l'Esprit nous pousse à parler et agir, soit dans un supermarché soit dans un bureau, un bus ou une arrière cour, en privé dans une maison ou même chez le dentiste, il faut nous souvenir de cinq principes:

La prière
Genèse 20:17, 1 Rois 13:6, 17:20–22; 2 Rois 4:33–36; 20:5 et Actes 9:40 montrent combien la prière fait partie intégrante de l'exercice du ministère:

- ◆ Jean 14:12–14 et 16:24 sont de grandes promesses. Nous ferions donc bien de commencer le ministère en proclamant ces promesses et en faisant de brèves prières de *pétition*, demandant à Dieu de faire ce qui est sur l'agenda de l'Esprit.

- ◆ Romains 8:26–27 nous promet que l'Esprit nous aide en *intercédan*t selon la volonté de Dieu. Nous ne sommes pas seuls, nous avons un partenaire qui intercède pour nous. Parfois il est donc juste d'interrompre le ministère quelques jours afin d'avoir un temps d'intercession prolongé avant de continuer.

Partenariat avec l'Esprit

◆ Le Nouveau Testament rapporte beaucoup de prières de *commandement* quand il décrit les temps de ministère, par exemple dans Actes 3:16, 9:17, 34 et 14:10.

◆ Jacques 5:15 présente la prière de la *foi* qui correspond à une impartition spéciale de foi donnée sur le moment. Nous prions souvent en ne nous attendant qu'à très peu de choses. Pourtant, toujours et encore, Dieu nous dépasse avec sa foi et nous prions comme Jésus l'a décrit dans Marc 11:24.

Nous avons vu que quand Dieu accorde des dons de grâce à chaque croyant il s'agit d'une activité continue et non d'un don fait une fois pour toutes.

Cela signifie que nous ne recevons pas les dons en propriété personnelle mais que nous recevons l'attribut de l'Esprit dont nous avons besoin sur le moment, quel qu'il soit.

Jésus a utilisé tous les dons de l'Esprit dans le ministère, à l'exception des langues et de l'interprétation, et nous pouvons aussi nous attendre à faire de même. Nous n'avons pas besoin de nous préoccuper de définir les dons, car le Nouveau Testament ne le fait pas et nous encourage plutôt à les utiliser.

Dans le ministère, nous avons besoin de nous appuyer sur notre partenaire, l'Esprit, pour qu'il pourvoie à ce qui est nécessaire. Puis nous devrions faire confiance aux pensées qu'il nous donne et agir en conséquence.

Il est évident que nous ferons des erreurs. Les disciples n'ont pas répondu à l'attente de Jésus dans Marc 9, et nous ne répondrons pas toujours à son attente, nous non plus.

Mais nous développerons un talent plus grand dans la manifestation des dons si nous persévérons malgré les manquements et les erreurs.

La foi

Certains croyants pensent qu'ils ont besoin d'une quantité de foi colossale pour le ministère alors que Jésus laisse entendre

Connaître le Saint-Esprit

que nous n'avons besoin que d'une toute petite quantité de foi, de la taille d'un grain de moutarde.

La foi est comme l'embrayage d'une voiture. Il peut y avoir un moteur puissant qui ronfle sous le capot, mais la voiture restera immobile tant que le chauffeur n'aura pas appuyé sur l'embrayage pour passer une vitesse. L'embrayage ne fait pas bouger la voiture, il ne fait que transmettre la puissance.

Matthieu 9:2, 22, 29 et Marc 6:1–6 sont des passages qui nous montrent que nous avons besoin d'une certaine foi pour le ministère. Il ne s'agit pas d'une foi qui passe dans notre moelle épinière et nous donne la chair de poule, mais juste assez de confiance pour déclencher la puissance de Dieu. Nous avons simplement besoin que Dieu puisse faire ce qui est nécessaire et d'être prêt à agir au signe de sa main et au commandement de sa voix.

Parfois, Dieu nous donnera un don de foi spéciale quand il veut faire quelque chose de remarquable: il le fait en ajoutant sa foi à la nôtre. Mais de manière plus ordinaire, notre simple confiance en Dieu est toute la foi dont nous avons besoin.

L'action

Lorsque nous exerçons le ministère, l'Esprit nous conduit dans le sillage de sa propre créativité. Il peut nous pousser à faire quelque chose d'inhabituel, comme lorsque Jésus a oint les yeux d'un homme avec sa salive. Mais cela ne signifie pas que nous devrions faire un jour la même chose, à moins qu'il ne nous en donne l'instruction.

Il y a néanmoins dix principes de base qui sont généralement adaptés à la situation.

- ◆ Nous devrions montrer l'amour de Christ, son sourire, appeler les gens par leur prénom et être détendus. C'est Dieu qui opère le miracle, pas nous.

- ◆ Nous devrions demander au Saint-Esprit de nous accorder sa direction, son audace, sa puissance et sa pureté.

Partenariat avec l'Esprit

- Nous devrions garder les yeux ouverts, certaines informations seront à notre portée que si nous observons comment la personne réagit à la puissance de Dieu.

- Nous devrions écouter Dieu attentivement et dire tout ce qu'il peut nous mettre à cœur. Il peut par exemple nous demander de commander à une grosseur de partir. Il peut nous demander de proclamer la foi, la liberté ou la bénédiction. Ou il peut nous demander simplement de nous asseoir tranquillement avec la personne et de continuer à être sensible autant aux besoins de cette personne qu'à d'autres impulsions du Saint-Esprit.

- Nous devrions demander à Dieu s'il est juste de toucher la personne ou de ne pas le faire. Selon le cas, nous pouvons doucement poser notre main sur l'habit de la personne le plus près possible de l'endroit du corps touché par la maladie. Nous ne devrions en aucun cas toucher qui que ce soit sans sa permission et la manière dont nous le faisons ne devrait jamais être inconvenante ou franchir les limites de la sensibilité ou de la pureté.

- Nous devrions demander à la personne: «est-ce que vous sentez quelque chose?» «Qu'est-ce qui se passe?» Nous devons nous assurer qu'elle nous maintient informés des progrès.

- Nous devrions surveiller les réactions du corps à l'action de l'Esprit. La personne peut trembler ou se raidir ou tomber. Sa respiration peut changer de rythme. Les gens peuvent frissonner, rire ou pleurer. Leurs yeux peuvent s'humecter, etc... Bien que ces réactions indiquent souvent que Dieu est à l'œuvre, elles ne sont que la réponse du corps à la puissance de Dieu. Une réaction physique forte ne signifie pas nécessairement une œuvre plus grande de la part de Dieu et l'absence de toute réaction physique ne veut pas dire non plus que rien ne se passe dans le monde spirituel.

◆ Si une réaction physique a lieu, nous devrions aider la personne pour qu'elle soit aussi confortable que possible. Mais nous ne devons pas nous arrêter aux réactions pour qu'elles ne nous distraient pas du ministère que nous devons continuer à exercer.

◆ Nous devrions continuellement encourager la personne et l'aider à se sentir à l'aise.

◆ Nous pouvons utiliser le don des langues et devrions arrêter d'exercer le ministère quand le programme établi par l'Esprit est terminé ou lorsque nous n'avons plus rien à dire ni à faire ou lorsque la personne elle-même nous demande d'arrêter ou enfin lorsque la fatigue se fait sentir d'un côté ou d'un autre.

L'humilité
Beaucoup de gens sont attirés par le ministère pour de mauvaises raisons. Nous devrions rechercher le saint anonymat de l'Esprit et avoir pour but d'attirer l'attention sur Dieu seul, sans chercher à profiter d'une gloire quelconque par association.

Aucun homme ni aucune femme ne peuvent opérer un miracle. Le plus grand but que nous pouvons nous fixer c'est d'être des serviteurs inutiles que Dieu tient parfois informés quelques minutes à l'avance de l'arrivée d'un miracle. Nous ne sommes que de simples postiers, et non des fabricants.

Une humilité franche et non affectée est une démonstration d'un aspect clef du caractère de l'Esprit. Autant nous avons besoin de puissance et de pureté, autant l'humilité doit accompagner les signes et les miracles.

Partenariat avec l'Esprit

Faire des disciples avec l'Esprit
Dans Luc 17:15-19, Jean 5:14 et 9:35-38, nous voyons comment Jésus a fait le suivi des gens qu'il avait aidés après avoir exercé le ministère en leur faveur. Il faut se rappeler que la principale préoccupation de Jésus dans son ministère était de faire des disciples. Après un temps de ministère, beaucoup de gens peuvent avoir besoin de conseil ou de plus d'enseignement à partir des Ecritures. L'endroit idéal pour ce suivi est la cellule (petit groupe) où chacun apprend à la fois à être disciple et à faire des disciples.

Il arrive souvent que les gens ne reçoivent pas tout de la part de Dieu quand nous prions pour eux la première fois. Il se peut que nous ayons à revenir vers eux plusieurs fois pour les aider à recevoir ce que Dieu a pour eux.

Lorsque nous repassons dans notre cœur ce qui s'est passé, l'Esprit place fréquemment une pensée dans notre esprit et nous regrettons de ne pas avoir dit ceci ou fait cela. Il est souvent approprié de revenir vers la personne et de lui transmettre brièvement cette «repensée» à l'image de ce que Jésus semble avoir fait dans Jean 5:14.

Après avoir exercé le ministère
Quand nous avons fini d'exercer le ministère auprès de quelqu'un, en partenariat avec l'Esprit, nous devrions demander à notre partenaire quelle est la chose suivante à faire.

Il se peut qu'il soit juste de ne rien dire ni faire à part prier. Mais, si le ministère a été exercé un long moment, que nous avons cherché Dieu pour la guérison, la libération ou une direction spéciale, il est habituellement bon d'encourager la personne à remercier Dieu et lui offrir ses louanges.

Lorsque nous avons prié pour la guérison pour une personne qui est sous un traitement médical spécial ou sous médicaments, nous devrions encourager cette personne à aller voir son médecin. Il semble que cela était la préoccupation de Jésus dans Matthieu 8:4.

Connaître le Saint-Esprit

Si nous vivons avec l'Esprit et que nous désirons fortement développer le ministère de Jésus, la plupart des gens que nous toucherons seront des incroyants. Il est bon de leur expliquer la Bonne Nouvelle et de les amener à envisager la prochaine étape de leur engagement dans la vie chrétienne, que ce soit la repentance, le baptême, l'effusion du Saint-Esprit ou le fait de rejoindre une assemblée locale.

Il est bon de s'asseoir quelques jours après le moment de ministère pour revoir tout ce qui s'est passé. Nous pouvons apprendre beaucoup de nos erreurs si nous sommes préparés à les admettre. Il y aura des moments où nous aurons été trop timides et d'autres où nous aurons été trop lourds. Nous devrions réfléchir honnêtement sur ce qui s'est passé et demander à l'Esprit de nous montrer les moments où nous n'avons pas suivi exactement ce qu'il nous a demandé de faire.

Il est aussi très important de reconnaître que nous pourrions avoir une responsabilité donnée de Dieu pour la personne que nous avons rencontrée. Il est évident que nous allons prier pour sa protection et son développement spirituel mais nous aurons besoin de la direction de l'Esprit pour savoir si nous devons nous impliquer plus que cela. Dans tous les cas, il est bon de s'assurer que la personne soit dans une cellule dans laquelle elle pourra continuer à grandir dans les choses de Dieu.

Nous savons que l'Esprit est venu à nos côtés pour nous encourager, nous réconforter, nous enseigner et nous diriger.

Lorsque nous vivons en lui, nous serons tout naturellement conduits vers des gens pour les aider et les encourager d'une manière similaire.

Le ministère communautaire
Le principe du partenariat se retrouve dans toute la Bible, par exemple:

- ◆ Un individu ne peut pas à lui seul refléter l'image du Dieu trinitaire; il faut une relation pour cela

Partenariat avec l'Esprit

- Les promesses de Matthieu 18:19-20 sont faites à deux ou trois, pas à une seule personne
- Matthieu 10:1-16 montre comment Jésus a envoyé les douze exercer le ministère en partenariat et Luc 10:1-20 décrit comment soixante-douze autres disciples ont été envoyés de la même manière
- La protection face aux forces de l'ennemi est accordée à l'église, et non à des individus isolés.

Cela ne signifie pas que nous refuserons d'exercer le ministère si personne n'est avec nous. Le livre des Actes contient beaucoup d'exemples de croyants qui ont été envoyés par l'Esprit pour exercer le ministère seuls, par exemple Philippe dans Actes 8:26-40 et Ananias dans Actes 9:10-19. Mais Philippe était l'un des sept, les apôtres travaillaient surtout deux par deux et Paul a toujours exercé le ministère avec des compagnons proches.

Lorsque nous exerçons le ministère dans un partenariat, il est plus facile de conduire les personnes que nous avons aidées dans des relations fondées sur le même modèle. Notre ministère doit construire les gens que nous aidons dans une vie communautaire qui reflète la relation qui existe au sein de la trinité.

Actes 2:41 ne dit pas que trois mille personnes se sont converties mais qu'elles ont été «ajoutées» à l'église. Leur salut avait une dynamique essentiellement communautaire.

Le ministère de signes et de miracles rapporté dans Actes 2:43 s'inscrit dans la description d'une vie communautaire. Et dans tous les Actes, il est impossible d'imaginer le ministère indépendamment de la dimension communautaire. Quand le Saint-Esprit conduisait les croyants du Nouveau Testament auprès des pauvres, les chrétiens les amenaient dans l'église.

Ainsi, quand nous aidons les gens aujourd'hui, nous devons les encourager à devenir membres d'une congrégation locale vivante et aimante. Bien que nous nous soyons concentrés sur l'œuvre de l'Esprit dans les croyants individuels, nous devons

Connaître le Saint-Esprit

réaliser que l'Esprit désire nous fondre ensemble dans des communautés dynamiques qui soient pleines de la présence de Dieu.

La vie communautaire
L'Esprit est le témoin de Jésus. Il déverse la puissance et la pureté dans nos vies afin que nous soyons des témoins du caractère de Jésus avec encore plus de ressemblance. Mais il travaille aussi à nous rassembler sous l'autorité de Christ.

Ephésiens 1:3–23 montre dans quelle mesure nous sommes appelés ensemble. Ephésiens 2 se concentre entièrement sur «nous ensemble». Nous sommes «concitoyens des saints et membres de la maison de Dieu». Nous sommes «coordonnés ensemble». Nous nous élevons pour être «un temple saint dans le Seigneur.» Nous sommes «édifiés ensemble pour être une habitation de Dieu en Esprit.»

Parfois il nous semble plus facile de continuer notre travail pour Dieu tout seul. Pourtant Jésus s'est soumis à des gens et a dépendu de certaines personnes d'une manière frappante. Il s'est par exemple soumis:

- À ses parents
- Au baptême de Jean
- Aux autorités de la synagogue
- Aux leaders politiques
- Aux sacrificateurs juifs
- À Pilate.

Si nous voulons vivre et exercer le ministère avec son autorité, nous devons vivre comme il a vécu, volontairement placés sous l'autorité des autres. Nous avons été sauvés du péché pour faire partie d'une communauté de guérison, une communauté d'amour, une communauté qui est vibrante de la vie du Saint-Esprit, une communauté qui est constamment en train d'atteindre les gens qui sont autour d'elle. Nous

Partenariat avec l'Esprit

devrions faire tout ce qui est possible pour développer une telle communauté et d'attirer les gens que nous aidons dans la vie communautaire de l'Esprit.

Ensemble dans l'Esprit, nous sommes équipés pour exercer l'autorité sur les puissances de ténèbres qui se trouvent dans notre région. Ensemble avec l'Esprit nous recevrons l'inspiration qui nous fera découvrir une vie de service à l'exemple de Christ, qui s'est sacrifié et a lavé les pieds de ses disciples. Nous partagerons son autorité pour sortir en son nom et guérir les malades et les cœurs brisés qui sont autour de nous. Ensemble dans l'Esprit, nous devrions vivre une vie qui s'approche peu à peu de la perfection de Christ. Avec son aide, nous devrions commencer à comprendre nos voisins avec le discernement et la sympathie de Christ. Et ensemble, dans et avec l'Esprit, nous devrions apprendre à rayonner de l'amour de Dieu, pour resplendir de sa lumière et sa vérité et montrer toujours plus sa gloire.

Nous avons reçu l'Esprit qui vient de Christ pour que la présence de Dieu soit ressentie dans nos rues de manière pratique et profonde, et nous faisons cela en tant que partenaires avec l'Esprit, vivant dans la sainte présence de Dieu.

Un défi

Maintenant, vous devriez pouvoir dire que le Saint-Esprit vous a été présenté de manière complète.

Vous savez qu'il apporte la puissance de Dieu, afin que vous puissiez mieux connaître Jésus et mieuxble faire connaître autour de vous dans le monde avec ses besoins.

Vous savez qu'il apporte la pureté de Dieu pour vous transformer à l'image de Jésus, afin que les gens autour de vous puissent voir Jésus et être attirés vers lui.

Vous savez que l'Esprit vous apporte la présence de Jésus, afin que vous puissiez révéler cette présence au monde en disant les paroles de Jésus et en faisant ses œuvres.

Connaître le Saint-Esprit

En tant que croyants qui connaissez l'Esprit, c'est votre rôle de révéler la gloire de Dieu au monde et dans le monde. Vous avez été choisis afin de montrer le saint caractère de Dieu à ceux qui vous entourent.

Vous pouvez le faire, mais seulement dans l'Esprit et avec l'Esprit. Par l'Esprit, Jésus vous presse d'agir dans la sainteté et la puissance, de guérir les cœurs brisés, nourrir les affamés, accueillir les exclus, régler leur compte aux démons, et aller faire du bien là où il vous dirige.

Dans l'Esprit, Jésus s'approche de vous. Il veut vous transformer à sa ressemblance, vous équiper et vous motiver pour atteindre le monde avec son amour et sa miséricorde.

Ne résistez pas à l'Esprit! Répondez-lui plutôt dans une soumission pleine d'amour et devenez ses partenaires dévoués.

www.ingramcontent.com/pod-product-compliance
Lightning Source LLC
Chambersburg PA
CBHW031117080526
44587CB00011B/1013